食べているうちに
血液サラサラ最強メニュー

監修 菊池佑二　料理 井上由香理

講談社

刺身の梅じょうゆ……33	海藻	毎日とりたい 血液サラサラ食品……54
酢　かんきつ類……34	ひじきの五目サラダ……45	血液が「サラサラ」「ドロドロ」って どういうこと?……56
グレープフルーツとかぶのサラダ……34	切り昆布といかのサッと煮……45	
さばの黒酢あんかけ……35		「ドロドロ」血液、放っておくと どうなるの?……57
しじみの黒酢スープ……35	**最強成分で サラサラ**……46	
緑黄色野菜……36		コレステロールは 血液が流れにくいと、 血管壁にたまる……58
緑黄色野菜のレンジ蒸し……36	**食物繊維**……46	
にんじんとりんごのサラダ……37	はすのはさみ煮……46	あなたの血があぶない! こんな 生活が「ドロドロ」血液をまねく…59
小松菜とじゃこのサラダ……37	豆腐ステーキごぼうソース……47	
にんじんとかぼちゃのスープ……38	根菜のミルクかす汁……47	●血液「ドロドロ」度簡単チェック…61
ひすいチャーハン……38	白いんげん豆のトマト煮込み……48	
春菊とそばのペペロンチーノ……39	里芋のクリームグラタン……48	日常生活の工夫で 血液サラサラ……62
にらとにんじんとあさりのジョン……39	けんちんうどん……49	
	切り干し大根のはりはり……49	
そば……40	**ビタミン**……50	
ぶっかけそば……40	うなぎとにんにくの茎の卵いため……50	
そばの野菜あんかけ……41	パプリカのマリネ……51	
そばがきだんご汁……42		
そば粉のフリッター……42	**ポリフェノール**……52	**この本の基準** 材料は特に表示のない場合は4人分 カップ1＝200mℓ、大さじ1＝15mℓ 小さじ1＝5mℓ 米カップ1＝180mℓ （米を炊くときの液体も米カップ1＝180mℓ） 電子レンジは500Wの機種を使用 （→P○）は参照ページを示しています
注目のダッタンそばで……43	りんごの赤ワイン煮……52	
ダッタンそばのクレープ……43		
ダッタンそばの桜もち風……43	**オレイン酸**……53	
きのこ……44	ブルスケッタ……53	
しいたけと昆布の煮物……44		

食べているうちに血液サラサラ最強メニュー
CONTENTS

「血液サラサラ」の科学 …… 4
まずは食！ 血液サラサラのために積極的にとりたい主な成分と食品 …… 6
体の酸化を防ぐもの …… 6
血液の流れをよくするもの …… 7

最強10食品でサラサラ …… 8
玉ねぎ　にんにく …… 8
玉ねぎスープ …… 8
にんにくスープ …… 8
スタッフドオニオン …… 9
小玉ねぎのロースト …… 10
玉ねぎのオイル焼き …… 10
にんにくの丸揚げ …… 11
にんにくのカレー煮 …… 11
作りおき＆使い回し …… 12
●酢玉ねぎ …… 12
酢玉ねぎとさけのあえ物 …… 12
酢玉ねぎとスモークサーモンの生春巻き …… 12
●にんにくチップ＆オイル …… 13
きのこのガーリックいため …… 13
スパゲティペペロンチーノ …… 13
にんにくじょうゆ …… 13

青背の魚 …… 14
いわしのつみれ汁 …… 15
さばのごまだれ焼き …… 15
いわしのわかめ蒸ししらがねぎ添え …… 16
さんまの韓国風煮物 …… 16
小あじの南蛮漬けナンプラー風味 …… 17
さわらのオーブン焼きグリーンソース …… 17
締めさばと玉ねぎのマリネ …… 18
まぐろと帆立てのユッケ丼 …… 18
ぶりの中華風刺身サラダ …… 19
さんまの和風カルパッチョ …… 19

貝類　甲殻類 …… 20
魚介のブイヤベース …… 20
えびとあさりのかき揚げ …… 21
かきと長ねぎのお好み焼き風 …… 21

黒豆　納豆 …… 22
いり黒豆ご飯 …… 22
●黒豆のいり方・ゆで方 …… 22
黒豆カレー …… 23
黒豆の黒みつかけ …… 23
黒豆ドリンク …… 23
黒豆とツナのサラダ …… 24
黒豆と手羽先のワイン煮 …… 24
納豆のサラダパスタ …… 25
納豆の春巻き …… 26
納豆の油揚げ包み焼き …… 26
納豆とアボカドのレタス包み …… 26
納豆とチーズのオムレツ …… 26
●混ぜる＆トッピング …… 27

梅干し …… 28
梅白がゆ …… 28
梅入り冷やし茶碗蒸し …… 29
白身魚の梅しそてんぷら …… 29
えびの梅肉あんかけ …… 30
せん切りじゃが芋の梅肉あえ …… 30
梅肉入りちらしずし …… 31
作りおき＆使い回し …… 32
●梅ドレッシング …… 32
グリーンサラダ …… 32
●梅ディップ …… 32
スティックサラダ＆クラッカー …… 32
●おかか梅 …… 33
きゅうりとかぶの浅漬け …… 33
●簡単梅びしお …… 33

見てびっくり！　毛細血管モデルで実際に測定

「血液サラサラ」の科学

「サラサラ」VS.「ドロドロ」、どう違う？

自分の血液の流れがひと目でわかる
世界初の毛細血管モデルを使って
サラサラとドロドロの違いを見てみました。

私たちの体の毛細血管を流れる血液のようすは、どうなっているのでしょうか？　血流に着目し、世界ではじめて血液のサラサラ度、ドロドロ度がひと目でわかるようにしたの

血圧、中性脂肪値が少し高いけれど、血液の流れはかなりスムーズ

サラサラさん
A子さん
（48歳・主婦）

身長155cm、体重58kg
若いときは肉食が多かったが、最近は和食中心。酒はビールを少し飲む。血圧が少し高めでやや太りぎみ。生活は比較的規則正しい。特にスポーツはしないが毎日の犬の散歩は欠かさない。

かなり良好な血液サラサラ状態。血液が毛細血管モデルを上から下へスムーズに流れていくのがわかる。

太っているほうではないけれど、2年前のスカートが今年ははけなくなってしまいました。地域の自治体が主催している健康診断をはじめて受けてみたところ、「血圧と中性脂肪値が少し高い」といわれたことが気になっていたA子さん。両親が高血圧ぎみだったのを知っているので、「遺伝的なものかしら」と少なからずショックだったのです。

しかし、毛細血管モデルで調べた血液の流れは42・6秒と、女性の平均値の45秒よりも短く、結果は合格点でした。

規則的な生活、食事内容は野菜を意識してとるようにしているとのこと。特に運動はしていなくても、家事をこなし、定期的に散歩するなど、体を動かしているのが、血液サラサラを維持できている理由といえます。

ストレスの多い毎日のせい？血液がほとんど流れていない

ドロドロさん
B男さん
（38歳・会社勤務）

身長170cm、体重72kg
朝食はとり、昼食はざるそばなどですませる。夜は飲むことが多い。人間関係でクヨクヨしてストレスを強く感じるタイプ。ヘビースモーカー。スポーツはたまにウォーキングをする程度。

心理的なストレスやたばこなどによって、血小板も白血球も流れずに流路の上流でつまっている状態。

中間管理職という立場で、人間関係を人一倍気にする性格。気にしだすと、胃がきりきり痛み、最近は胃炎を頻発するようになって、画面をまのあたりにして、少なからずショックを受けたB男さんでした。酒を飲む機会も多く、週に1度は深夜の帰宅。そんなB男さんの結果は、104・1秒とかなり遅い。血液の通り道の入り口に血小板がくっつき、流れがとどこおったところへ、血小板が集まって、流路をふさぐ。自分でも予想はしていたものの、ほとんど流れていないように見える画面をまのあたりにして、少なからずショックを受けたB男さんでした。体の中の毛細血管では、血小板の凝集を防ぐ安全メカニズムが働いています。しかしB男さんの場合、そのメカニズムが不調などき、実際にも毛細血管がつまる危険性が高いのです。

が「MC・FAN（エムシーファン）」と呼ばれる装置です。この装置に血液を通すことで、毛細血管の中を血液が流れる状態を擬似的に観察することができるという画期的な測定法です。

測定は、0.1mlの血液がどのくらいの時間（秒）で毛細血管のあいだを通過するかを記録するという方法で行われます。下の各写真の六角形のあいだが流路で、人間の体にはりめぐらされている毛細血管の擬似モデル「マイクロチャネルアレイ」です。幅7ミクロンで、毛細血管の径とほぼ同じです。

これを見ると、サラサラ血液の場合、大きな赤血球が変形しながら流路を目にもとまらない速さで通り抜けていくのがわかります。逆に、血液がドロドロだと、赤血球や白血球、血小板などがマイクロチャネルアレイの上と下に大きなかたまりをつくって流路をふさぎ、流れがとどこおっているのがわかります。

血液の流れはとてもスムーズ。
アッという間に流路を通り抜けていく

サラサラさん
C子さん
（25歳・会社勤務）
身長162cm、体重51kg
和食中心の食生活。昼食は弁当を持参。たまにイタリアンや甘いものを楽しむ。酒も好きなほうだが、量は少ない。貧血ぎみ。スポーツが好きで週に1度はスイミング、たまにテニスもやる。

血液は、はじめから最後まで常にスムーズに流れていくのが確認できました。通過時間の平均値45秒よりかなり短い、という結果です。特に赤血球がしなやかで変形能（→P56）が高く、とてもきれいに通過して、まさに理想的な状態といえます。

貧血ぎみということですが、むしろ、血液の流れがよいので血液が薄くてすみ、そのため、貧血のように見えるだけともいえます。

の食べすぎや酒の飲みすぎをしないなど、食生活に気をくばるバランスのとれた生活が、血液の健康を保っているといえます。

水泳などの有酸素運動を定期的に行い、手作りの弁当を毎日持参し、甘いものも控えるようにしているのはとてもすばらしいこと。今後もこうした生活習慣を守っていきましょう。

サラサラときれいに流れる血液。白血球も血小板もくっつかず、幅7ミクロンの流路を通り抜ける。

血液の流れがせき止められている。
若くて健康そうでも油断大敵

ドロドロさん
D太さん
（21歳・大学生）
身長180cm、体重70kg
朝食は抜き、昼食は学生食堂で肉中心の食事。酒を飲むことが多く、夕食は酒のつまみやコンビニ弁当。生活は不規則。たばこを1日に1箱は吸う。アメリカンフットボールをやっている。

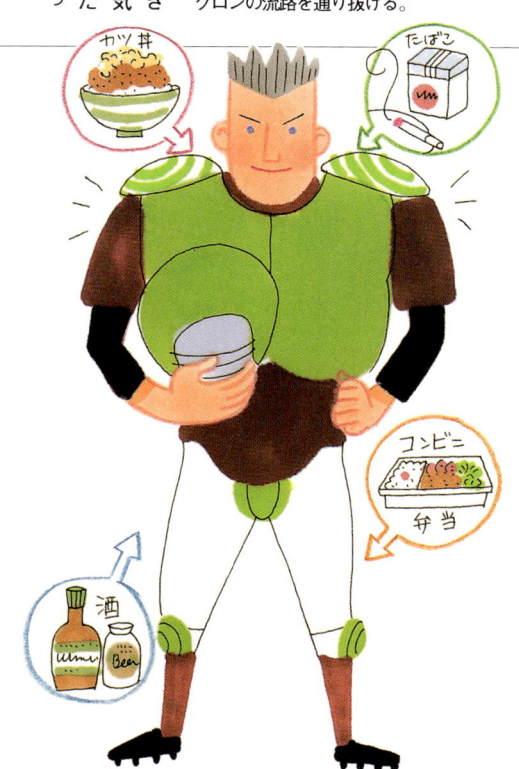

がっしりとしたスポーツマンで、見た目は健康そうなD太さん。本人も自分は健康だと思っています。ハンバーガーのようなファストフードが好きで、よく食べます。生活は完全に昼夜逆転。午前中は寝ていて、昼から学校に行く生活。

そんな彼の血液は、毛細血管モデルを流れはじめてすぐに血小板や白血球がベタベタと集まりくっつ

き、血液の通り道をふさいでしまいました。通過時間は測定不可能でした。血液の流れの善し悪しは年齢には関係ないという典型がこのケース。血管に弾力性があるからと安心していると、あとで後悔することもあります。若いうちならかたよった食生活や生活習慣を改めれば、このドロドロ状態も簡単に改善できるでしょう。

血小板も白血球もつまっている。ところどころ無理に流れようとし、血球がこすれて傷ついている。

積極的にとりたい主な成分と食品

毎日の食事は、私たちの健康を支える大きな柱。そして今、健康のバロメーターともなっているのが、血液の流れ方です。体の中をいつもサラサラと流れるきれいな血液をつくる何よりの近道は、食事内容を見直すことにあります。

体の酸化を防ぐもの

ポリフェノール
植物の苦みや渋みのもとになる色素成分の総称。赤ワインに多いことで有名になりましたが、身近な野菜や果物、穀類、大豆、お茶など植物全般に含まれ、約300種類あります。

イソフラボン（大豆、大豆製品）
女性ホルモンのエストロゲンに似た働きをもち、活性酸素による酸化を防ぎ、コレステロール値を下げる効果があります。納豆に含まれる酵素のナットウキナーゼは血栓を溶かします。

ルチン（そば）
ルチンはビタミンPの一種。毛細血管を丈夫にするコラーゲンの生成に欠かせないビタミンCの吸収を助け、酸化を防ぐ効果もあります。高血圧や動脈硬化などの薬にもなります。

カテキン（緑茶、紅茶）
お茶類の渋み成分。活性酸素の働きを弱め、コレステロール値や中性脂肪値、血糖値の上昇をおさえる効果があります。糖質や脂質の代謝を促し、肥満を防ぐのに有効です。

その他（赤ワインなど）
ワインやお茶、梅などに含まれるタンニン、玉ねぎやりんごに含まれるケルセチン、ごまに含まれるリグナンなど。特に赤ワインはカテキン、アントシアニンなど多種類を含みます。

ビタミン
抗酸化ビタミンとして代表的なのがビタミンE・C。体内でビタミンAに変わるβ-カロテンも強力な抗酸化物質です。豚肉に多いビタミンB_2も過酸化脂質の生成を抑制します。

ビタミンE（種実類、青背の魚）
ビタミン中、もっとも強い抗酸化作用をもち、若返りビタミン、美容ビタミンと呼ばれます。血行をよくする働きもあり、冷えや肩こり、女性の更年期障害の諸症状の緩和に効果的。

ビタミンC（野菜、果物）
体内で過酸化脂質が生成されるのを抑制するとともに、血液中のコレステロールや中性脂肪を減らす働きがあります。ビタミンEをリサイクルさせてその抗酸化作用を強化します。

β-カロテン（緑黄色野菜）
赤、オレンジ、黄色などの色素成分カロテノイドの代表格。緑黄色野菜はこのβ-カロテンを100gあたり600マイクログラム以上含む野菜をいいます。抗がん作用もあります。

黒豆（イソフラボン）

そばもやし（ルチン）

緑茶（カテキン）

かんきつ類（ビタミンC）

血液サラサラ食品は昔からの日本の伝統食が多い

血液がドロドロになって流れが悪くなる主な原因は、偏食などによる栄養のかたより、運動不足、喫煙、ストレスなどがあげられます。

また、血液の液体成分である血漿（けっしょう）中のコレステロールや中性脂肪がふえてしまう原因の1つは、脂質の多い食べ物や甘い菓子類などのとりすぎです。

「マイクロチャネルアレイ」（4～5ページ参照）を使って、さまざまな食品の血流改善効果を研究した結果、血液サラサラ食品には2つのタイプがあることがわかりました。

①流れの悪い血液をサラサラにする食品＝梅干し、梅肉エキス（青梅の絞り汁を煮つめたもの）、玉ねぎ、にんにく、青背の魚、黒豆、赤ワインなど。

②流れのよい血液をさらにサラサラにする食品＝梅干し、酢、そば、ビール、紅茶など。

まずは食！ 血液サラサラのために

切り干し大根（食物繊維）

オリーブ油（オレイン酸）

梅干し（クエン酸）

玉ねぎ、にんにく（におい成分）

血液の流れをよくするもの

DHA・EPA（青背の魚）	不飽和脂肪酸の一種。同じ動物性脂肪でも、肉に含まれる飽和脂肪酸と違い、血小板が凝集するのを抑制し、血流をよくして血栓を予防。できてしまった血栓を溶かす働きもあります。
食物繊維（きのこ、海藻、根菜、芋）	余分なコレステロールを腸で吸着して便とともに排泄。海藻に含まれるアルギン酸は血液中のコレステロールの吸収を抑制。しいたけのエリタデニンはコレステロールの代謝を促進。
オレイン酸（オリーブ油）	植物油に含まれる不飽和脂肪酸の中でもオレイン酸は酸化しにくく、LDL（悪玉）コレステロールだけを減らし、HDL（善玉）コレステロールは減らさないという利点があります。
クエン酸（酢、かんきつ類、梅干し）	血液中の老廃物の排泄を促して血液の流動性を高める作用があります。また血小板の凝集を抑制して血液を固まりにくくします。酢はアミノ酸が多く含まれる黒酢が特に効果的。
におい成分（玉ねぎ、にんにく）	ユリ科の野菜特有のにおいのもとであるアリシン、硫化アリルには血液循環をよくし、血栓を予防する働きがあります。玉ねぎ特有の催涙性物質にも血小板の凝集を抑制する効果が。

体の酸化を防ぐものと血液の流れをよくするもの

フランス人は脂質の多いこってりした料理を食べているのに、なぜか心臓病による死亡率が低い。調べてみると、フランス人がよく飲む赤ワインに抗酸化物質のポリフェノールが豊富に含まれていることがわかり、日本でも赤ワインブームがおこりました。ここでいう「抗酸化物質」というのが、血液のサラサラ度に深くかかわっています。

食事で体内に取り入れられた食べ物は消化吸収され、その栄養素は血液によって約60兆個あるといわれる体の全細胞へ運ばれます。血液成分のうち赤血球は酸素を運び、その酸素は栄養素をエネルギーにかえるために欠かすことができません。心臓病、がんなど多くの生活習慣病の元凶とされる活性酸素は、そのエネルギー代謝の過程でつくられてしまう反応性の高い酸素のことです。酸素は物質を酸化させる働きをも

っています。酸化とは「さびる」ということ。人間の体にとって酸素は絶対不可欠のものですが、活性酸素は、ときに体を酸化させ、体内にさびをつくって、多くの悪影響をおよぼします。血液中のLDL（悪玉）コレステロールが酸化されると、過酸化脂質となり、血管壁に付着して血液の流れを阻害したり、血管壁内に蓄積して動脈硬化の原因になるといわれています。

私たちが生きて呼吸している以上、活性酸素の発生を防止することはできませんが、その酸化作用をおさえることはできます。その大きな助けとなるのがポリフェノールなどの抗酸化物質です。また、体の細胞は自ら抗酸化物質をつくって活性酸素から自分を守っています。細胞がたくさん抗酸化物質をつくるためには十分な栄養素と酸素の供給が不可欠。つまり、血液の流れがよくなってはじめて細胞は十分な量の抗酸化物質をつくることができるわけです。

ここに血液サラサラ効果の高い代表的な食品をあげました。

最強10食品でサラサラ

毎日の食事を少し工夫するだけで、きれいな血液を保てるとしたら――。そこで血液をサラサラにする効果の高い食品を厳選。今日からの食事作りにすぐ役立つ、手軽でおいしいレシピをご紹介。

玉ねぎ・にんにく

サラサラメモ
- 血小板の凝集を抑制する
- できた血栓を溶かす
- 血糖値を下げる
- コレステロールを減らす
- 血圧を正常にする

独特のにおいの成分や、涙の原因物質、苦みの成分が血液をサラサラにする

古代から親しまれてきた「おいしい万能薬」。その秘密はあのにおいのもとにあった

玉ねぎやにんにくの強壮作用などは古くから知られ、古代エジプトでは、ピラミッド建設に従事した労働者の賃金は、玉ねぎで支払われていたという説もあります。現在では研究が進み、数々の新たな効能も報告されています。その主な有効成分は、アリシンというにおいの成分です。

にんにくを切ったり、つぶしたりしたときに生じるあの独特のにおい。これは、にんにくに含まれるアリインという物質に、水分と、アリイナーゼと呼ばれる酵素が作用して発生します。

アリシンには毛細血管を拡張する働きがあり、新陳代謝を高めて血液循環をよくします。さらに血小板の凝集を抑制し、血栓をできにくくしたり、血液中の余分なコレステロールを減少させたりする働きも認められています。

玉ねぎの催涙性物質には血液をサラサラにするいくつもの効果がある

アリシンは、にんにくと同じユリ科の玉ねぎ、長ねぎ、にら、らっきょうなどにも多く含まれます。しかし、玉ねぎ特有の成分もあり、その効能も明らかになっています。

玉ねぎの特徴は、切ると目が痛くなって涙が出ることと、独特の苦み。涙を出させる原因となる催涙性物質は、切る前の玉ねぎにはなく、切ってはじめて細胞が傷つくことで酵素と反応し、催涙性物質は、いろいろな物質と反応をおこしやすい性質をもち、たくさんの種類の含硫化合物をつくります。中でも、プロピルメチルジスルフィドという含硫化合物は、血栓ができる最初の段階に作用し、血液中の血小板の凝集を抑制する働きがあるとされています。プロピルメチルジスルフィドは水に溶けやすく、玉ねぎを切った直後に加熱すると、発生しないという性質があり、生の玉ねぎを食べなければ効果がないと考えられていましたが、切ったあと、最低15分放置すれば、加熱してもプロピルメチルジスルフィドは失われないことが、最近の研究でわかっています。

玉ねぎの苦みについては、ポリフェノールの一種であるケルセチンが主成分です。

玉ねぎスープ
玉ねぎ2個は皮をむいて縦二つ割りにし、繊維に直角に厚さ3～4mmに切る。鍋にバター大さじ2を溶かし、弱火でゆっくりいためる。きつね色になったら水カップ3、固形コンソメ（チキン）2個を加えて一煮立ちさせ、塩、こしょう各少々で味をととのえる。

にんにくスープ
にんにく2個は1かけずつにばらして皮をむく。バター大さじ2を溶かし、弱火で焦がさないようにいためる。にんにくにバターがなじんだら水カップ3、固形コンソメ（チキン）2個を加え、中火でにんにくが柔らかくなるまで煮る。塩、こしょう各少々で調味。器に盛り、黒こしょう少々をふる。

お役立ちメモ●玉ねぎに含まれるケルセチンや含硫化合物は水に溶け出すので、スープにするとより効果的。

玉ねぎの有効成分がそっくりとれるスープ煮。
西洋料理では出しの素ともいわれる玉ねぎ特有のうまみもたっぷり

スタッフドオニオン

材料

- 玉ねぎ……………………小8個
- 肉だね
  - 豚ひき肉………………300g
  - パン粉…………………カップ1/2
  - 牛乳……………………大さじ4
  - 溶き卵…………………1個分
  - 塩、こしょう、ナツメグ‥各少々
- 小麦粉……………………適量
- 水…………………………カップ4〜5
- 固形コンソメ（チキン）………2個
- A
  - ローリエ………………2枚
  - パセリの茎……………1本
  - セロリの葉……………1本分
- 塩、こしょう……………各少々

作り方

❶玉ねぎは皮をむき、上1/3を切り落とす。周囲を1.5cmほど残して中をくりぬき、みじん切りにしておく。切り落とした部分はふたにする。

❷パン粉は牛乳で湿らせておく。

❸豚ひき肉は溶き卵、❶の玉ねぎのみじん切りを加えて練り、❷、塩、こしょう、ナツメグも練り混ぜて8等分する。

❹❶の玉ねぎの内側に小麦粉を薄くふり、❸の肉だねを詰める。ふたの部分ものせて鍋に並べ入れ、水、固形コンソメ、Aを加えて中火にかける。沸騰したら火を弱め、玉ねぎが透き通って柔らかくなるまで約40分煮て塩、こしょうで調味する。

シンプル・イズ・ベストを実感できる極めつきの味
小玉ねぎのロースト

材料
小玉ねぎ……………………16個
塩、こしょう、オリーブ油‥各少々

作り方
❶小玉ねぎは皮つきのままオーブントースターの天パンにのせ、ときどき転がしながら15分焼く。
❷焼き上がりを器に盛り、食べるときに皮をむき、塩、こしょう、オリーブ油などを好みでかけて食べる。

蒸し焼き状態のほっくりした甘さが絶品
玉ねぎのオイル焼き

材料
玉ねぎ………………………… 2個
塩、こしょう………………各少々
小麦粉…………………………適量
サラダ油 ………………… 大さじ 2

作り方
❶玉ねぎは皮をむいて厚さ1cmの輪切りにし、ばらばらにならないように横からつまようじでとめる。両面に塩、こしょうをふって小麦粉を薄くまぶす。
❷フライパンにサラダ油を熱し、弱火で玉ねぎの両面をこんがりと色づくまで焼く。

小さなかけらに大きな薬効。にんにくパワー全開の1品
にんにくの丸揚げ

材料
にんにく …………………… 4～5個
揚げ油……………………………適量
塩、こしょう………………各少々

作り方
❶揚げ油を低温（160度）に熱し、にんにくを皮つきのまま丸ごとゆっくりと15分くらいかけて揚げる（箸でつまんで柔らかく感じるくらい）。
❷揚げるそばからキッチンペーパーなどにとって油けをきる。器に盛り、皮をむいて塩、こしょう各少々をふる。

カレー粉の香りで風味もパワーもダブルになります
にんにくのカレー煮

材料
にんにく …………………… 2個
オリーブ油……………大さじ1
カレー粉 ………………小さじ1
塩 ……………………小さじ1/3
しょうゆ ………………小さじ1
水………………………大さじ3

作り方
❶にんにくは1かけずつにばらして皮をむく。フライパンにオリーブ油を熱して中火でにんにくをいため焼きにする。
❷①のにんにくの表面が薄く色づいたらカレー粉、塩を加えていため、カレー粉の香りが立ったらしょうゆ、水を注いで汁けが少なくなるまでいりつける。

作りおき＆使い回し

毎日少しずつでも食べたいから冷蔵庫に常備

サラサラ血液のためには、一度にたくさん食べるのではなく、毎日、少しずつ食べ続けることが大切です。そこでおすすめなのがこんな常備菜。まとめて作って、いろいろな料理に上手に使い回しましょう。

酢玉ねぎ

材料（作りやすい分量）
- 玉ねぎ‥‥‥‥‥‥‥‥‥ 2個
- 黒酢‥‥‥‥‥‥‥‥‥ カップ1

作り方
❶玉ねぎは皮をむいて縦二つ割りにし、繊維にそって薄切りにする。
❷①の玉ねぎを保存瓶などに入れ、黒酢を注ぐ。次の日くらいから食べられる。

酢玉ねぎとスモークサーモンの生春巻き

作り方 生春巻きの皮（市販品）4枚はサッと水にくぐらせてふきんに広げ、香菜（シャンツァイ）適量、スモークサーモン4枚、ちぎったレタス2枚分、ナンプラー大さじ½であえた酢玉ねぎ½個分を4等分してのせ、巻き込む。

酢玉ねぎとさけのあえ物

作り方 酢玉ねぎ1個分、ほぐして缶汁をきったさけ缶1個（100g）をあえ、サラダ菜4枚とともに器に盛りつけ、しょうゆ少々をかけて食べる。

きのこのガーリックいため

作り方 フライパンににんにくオイル大さじ2を熱し、パセリのみじん切り大さじ1、一口大に切った好みのきのこ適量を順に加えて中火でいためる。全体に油が回ったら酒大さじ1、塩、粗びき黒こしょう各少々で調味し、器に盛る。にんにくチップ大さじ1を砕いて散らす。

作りおき

にんにくチップ＆オイル

材料（作りやすい分量）
にんにく ……………………… 2個
サラダ油 ……………………… カップ1

作り方
❶ にんにくは皮をむいて繊維に直角に厚さ2〜3mmに切る。フライパンにサラダ油を入れて低温（150度）に熱し、にんにくをゆっくりときつね色になるまで揚げる。
❷ ①のにんにくはキッチンペーパーにとって油けをきり、さめたら瓶などに保存する。揚げ油もかすを取って空気に触れないように保存する。

使い回し

にんにくじょうゆ

作り方 にんにくオイル大さじ1、しょうゆ大さじ2、レモン汁½個分、粗びきこしょう少々は一煮立ちさせ、たれにする。牛肉のたたき、かつおのたたきなどはゆで野菜と器に盛り、たれをつけて食べる。

スパゲティペペロンチーノ

作り方 スパゲティ320g、ちぎったキャベツ6枚分は塩少々を入れた熱湯で順にゆで、水けをきる。にんにくオイル大さじ4、赤唐辛子2本を加えていため、塩、こしょうで調味。にんにくチップ大さじ2を散らす。

青背の魚

ドロドロ血液をサラサラに変えるEPAとDHAが豊富

サラサラメモ
- 血小板の凝集を抑制する
- できた血栓を溶かす
- 中性脂肪を減らす
- 善玉コレステロールをふやす
- 悪玉コレステロールを減らす

サラサラ血液に欠かせないEPAとDHAをもつのは魚だけといってもいい

植物が豊富に育たない北極地方に住むイヌイットの食生活は、動物性たんぱく質の摂取が中心です。にもかかわらず、動脈硬化や虚血性心疾患が非常に少ない理由は、彼らが魚を常食としているから、といわれています。

魚の脂の主な成分は、EPA(エイコサペンタエン酸)とDHA(ドコサヘキサエン酸)という脂肪酸(脂肪の主成分)です。これらの脂肪酸が、血液を固まりにくくして血栓を予防し、血液をサラサラにしていたのです。

牛肉、豚肉などの獣肉より、魚のほうがヘルシーといわれるのは、この脂肪酸の違いです。獣肉の主な脂肪は飽和脂肪酸で、魚以外の動物性脂肪に多く含まれ、酸化されにくい安定した物質ですが、とりすぎると体内に蓄積され、肥満や動脈硬化などの原因になりやすいのです。一方、魚の主な脂肪は多価不飽和脂肪酸という液体状油脂なので、体内に蓄積されにくいのが利点です。また、EPAには特に赤血球の膜をしなやかにし、血小板の凝集を抑制して血液の流れをよくする働きがあります。

EPA、DHAにはまた、できてしまった血栓を溶かす作用もあり、認められています。

さらに中性脂肪やLDL(悪玉)コレステロールを減らし、HDL(善玉)コレステロールをふやす働きも認められています。

なお、不飽和脂肪酸の1つ、植物油のリノール酸もLDLコレステロール値を下げる働きがありますが、非常に酸化されやすい性質のため、長期にわたって多量にとるとHDLを減らしたり、アレルギーやがんの原因になったりすることがわかっています。EPAやDHAには、これらの脂肪酸の害を抑制する作用もあるのです。

1週間、青背の魚を食べ続けると、驚くほどサラサラに

EPAもDHAも魚の脂肪に含まれる成分で、中でも、いわし、さば、さんま、あじ、さわら、ぶりといった脂肪たっぷりの、いわゆる背の青い魚に多く含まれています。まぐろなどの大型魚なら、赤身よりもとろの部分に多く含まれています。

EPAとDHAの血液サラサラ効果は、その即効性と、食後も長く続くことが特徴です。多くの実験の結果、かなりのドロドロ血液も、1週間、青背の魚を食べ続けると驚くほどサラサラになり、血流がよくなることが明らかになっています。

EPA、DHAのこうした効果のほか、最近では、魚のたんぱく質が消化される過程でできるペプチドが、血圧の上昇を抑制するとして注目を集めています。

日本人にとって、魚は昔から身近な食材です。2日に1度は意識して、魚料理を食卓にのせるように心がけましょう。

お役立ちメモ●魚のサラサラ成分は脂に多いので、調理のさいには脂を逃がさない工夫を。ホイル焼きやオーブン焼き、煮物、汁物などがおすすめ。

たっぷりの根菜と組み合わせてサラサラ効果倍増
いわしのつみれ汁

材料
いわし	4尾
A ┌ 片栗粉	大さじ2
│ 溶き卵	1個分
│ みそ	大さじ½
│ 酒	大さじ1
└ おろししょうが	1かけ分
大根	10cm
にんじん	½本
ごぼう	小1本
せりざく切り	1わ分
水	カップ4
昆布角切り	10cm分
酒	大さじ3
しょうゆ	大さじ3
塩、粉山椒	各少々

作り方
❶いわしは頭、内臓を取り、水で洗って水けをふき、骨、皮を除く。包丁で細かくたたいてすり鉢に入れ、すりこ木でなめらかにすり、Aを加えてよく混ぜる。
❷大根は細切り、にんじんは一口大に切る。ごぼうは長めの乱切りにして水にさらしてあくを除く。
❸鍋に水、昆布、水けをきった②の野菜を入れ、中火で柔らかくなるまで煮る。
❹①のつみれをスプーンなどを使って③の鍋に落とし、一煮立ちさせる。弱火にし、あくを除いて酒、しょうゆ、塩で調味し、中まで火を通す。最後にせりを加えて一煮する。食べるときに好みで粉山椒をふる。

さばの1食分中のDHA含有量はトップクラス
さばのごまだれ焼き

材料
さば	4切れ
A ┌ すり白ごま	大さじ3
│ 長ねぎみじん切り	5cm分
│ おろししょうが	1かけ分
│ おろしにんにく	1かけ分
│ 酒	大さじ1½
│ しょうゆ	大さじ1½
│ ごま油	大さじ1
└ 韓国粉唐辛子	小さじ½
しし唐	8本

作り方
❶バットにAを合わせ、さばを入れて30分ほどつける。
❷オーブントースターの天パンにオーブンシートを敷き、①のさばを皮目を上にして並べ、10〜15分焼く。途中でつけ合わせのしし唐も天パンにのせて焼く。

わかめをたっぷり敷いて流れ出る脂を吸わせます
いわしのわかめ蒸ししらがねぎ添え

材料
いわし……………………4尾
生わかめ…………………240g
長ねぎ……………………8cm
酒…………………………大さじ2
塩…………………………少々
ポン酢しょうゆ（市販品）……適量

作り方
❶いわしは頭、内臓を除き、水で洗って水けをふく。
❷わかめは水で洗ってざく切りにし、水けを絞る。
❸長ねぎは長さを半分に切ってせん切りにし、水によくさらして水けをきつく絞り、しらがねぎにする。
❹耐熱容器に②のわかめを敷き、いわしを並べて酒、塩をふり、ラップをかけて電子レンジで約12分加熱する。
❺④を器に盛って③のしらがねぎをのせ、ポン酢しょうゆをかけて食べる。

にんにくの香り、コチュジャンのピリ辛味で風味よく
さんまの韓国風煮物

材料
さんま……………………4尾
煮汁
 にんにく………………5〜6かけ
 水…………………………カップ1
 酒…………………………カップ½
 酢…………………………大さじ2
 しょうゆ………………大さじ1
 コチュジャン…………大さじ1
長ねぎ小口切り……………1本分

作り方
❶さんまは頭、内臓を除き、水で洗って水けをふき、長さ5cmの筒切りにする。
❷鍋に煮汁の材料を煮立ててさんまを並べ入れ、一煮立ちさせてあくを取る。
❸②に長ねぎを全体に散らし、オーブンシートなどで落としぶたをし、弱火で30〜40分、煮汁が少なくなるまで煮る。

魚は衣をつけて揚げるとサラサラ効果が失われにくい
小あじの南蛮漬けナンプラー風味

材料
小あじ	8尾
塩	小さじ½
片栗粉	適量
揚げ油	適量
A にんにくみじん切り	1かけ分
水	大さじ2
砂糖	大さじ2
ナンプラー	大さじ2
酢	大さじ2
赤唐辛子小口切り	1本分
きゅうり	1本
紫玉ねぎ	½個
レモン	½個
香菜(シャンツァイ)	適量

作り方
❶小あじはえら、内臓、ぜいごを除き、水で洗って水けをふく。Aはバットに合わせておく。
❷①のあじに塩をふって片栗粉を薄くまぶし、低温(160度)の油で約4分揚げて取り出し、さらに高温(180度)の油に入れ、二度揚げにする。熱いうちにAにつけ、10分ほどおいて味をしみ込ませる。
❸皮を縞にむいて小口切りにしたきゅうり、薄切りにした紫玉ねぎとレモン、②のあじを合わせて器に盛り、長さ1cmに切った香菜を散らす。

さわらにはDHA、EPAともにバランスよく含まれます
さわらのオーブン焼きグリーンソース

材料
さわら	4切れ
A 粒マスタード	大さじ1
オリーブ油	大さじ1
塩、こしょう	各少々
じゃが芋	3個
塩、こしょう	各少々
B にんにくみじん切り	1かけ分
ローズマリー	1枝
C バジルみじん切り	8枚分
パセリみじん切り	1枝分
オリーブ油	大さじ2
塩	小さじ⅓

作り方
❶さわらは半分に切ってAをもみ込んでおく。
❷じゃが芋は洗って水けのついたまま皮ごと電子レンジで5～6分加熱する。皮をむき、厚さ7mmに切る。
❸耐熱容器に②のじゃが芋を並べ、塩、こしょうをふり、Bをのせて①のさわらをおき、200度に温めたオーブンで12～15分焼く。熱いうちにCを混ぜてかける。

さばは塩で締めたあと、酢洗いするのがおいしく作るコツ
締めさばと玉ねぎのマリネ

材料
- さば……………………1尾
- 塩、酢…………………各適量
- 玉ねぎ…………………1個
- マリネ液
  - レモン汁……………½個分
  - オリーブ油…………大さじ1
  - ケーパー……………大さじ1
  - 塩……………………小さじ¼
  - こしょう……………少々
- ピンクペッパー………少々

作り方
❶さばは三枚におろし、真っ白になるくらいの塩をまぶして1時間30分から2時間、ざるにのせておく。
❷①のさばの塩を洗い流して水けをふき、腹骨をすき取り、血合い骨を抜く。バットに並べ、ひたひたの酢を入れて返しながら約20分つける。
❸②のさばは頭から尾に向かって皮をむき、そぎ切りにする。玉ねぎは薄切りにしてマリネ液の材料であえ、さばを加える。器に盛り、ピンクペッパーを散らす。

旬の魚介は生で食べるとサラサラ成分が減少しない

魚介の血液サラサラ成分は、脂ののる旬の時期に倍増し、新鮮であるほど効果も高いといえます。
また生のままで食べると、調理の過程で血液サラサラ成分が減少することもありません。刺身にかぎらず、おいしい食べ方をいろいろ工夫しましょう。

特にサラサラ効果の高いまぐろを使って一工夫
まぐろと帆立てのユッケ丼

材料
- まぐろ刺身用（中とろ）……300g
- 帆立て貝柱刺身用……………6個
- A
  - 酒……………………大さじ1
  - しょうゆ……………大さじ½
  - ごま油………………大さじ½
- 焼きのり（全形）………………1枚
- うずらの卵………………………4個
- 万能ねぎ小口切り………………3本分
- 青じその葉みじん切り…………10枚分
- ご飯………………………………適量
- しょうゆ…………………………適量

作り方
❶刺身用まぐろ、帆立て貝柱は5〜6mm角に切り、Aで下味をつける。
❷どんぶりにご飯を盛り、焼きのりをもんでご飯の上に散らす。①のまぐろと帆立て貝柱をのせて中央をくぼませ、うずらの卵を割り落とし、万能ねぎ、青じその葉を散らす。しょうゆをかけて食べる。

ピーナツ入りのドレッシングがサラサラ効果をアップ
ぶりの中華風刺身サラダ

材料
ぶり刺身用	300g
レタス	2枚
セロリ	½本
貝割れ菜	1パック
ワンタンの皮（市販品）	3枚
揚げ油	適量
ピーナツ（刻んだもの）	大さじ2
A 酢	大さじ3
みりん	大さじ1
しょうゆ	大さじ3
ごま油	大さじ1
ラー油	小さじ1
花椒粉（ホアジョーフェン）	小さじ¼

作り方
レタス、セロリはせん切りに、貝割れ菜は根を切り落とし、冷水に放してパリッとさせる。ワンタンの皮は幅5mmに切って中温（175度）の揚げ油でサッと揚げる。器に水けをきった野菜を飾り用に少し残して盛る。ぶりを薄く切って並べ、ワンタンの皮、ピーナツを散らし、残した野菜を中央にのせる。Aを合わせ、食べるときに全体に回しかけ、混ぜて食べる。

薄切り大根とゆずの香りでさっぱりと食べられます
さんまの和風カルパッチョ

材料
さんま刺身用	4尾
大根	5cm
塩	小さじ½
ゆずの皮、ルッコラ、プリーツレタス、トレビス	各適量
A ゆず絞り汁	½個分
酢	大さじ1
塩	小さじ¼
ミックスペッパー	少々

作り方
❶刺身用さんまは三枚におろして腹骨をすき取り、血合い骨を抜く。頭から尾へ向かって薄皮をむく。
❷大根は皮をむいて縦二つ割りにし、薄切りにして塩をふり、しばらくおいて水けをふく。
❸①を斜めにそぎ切りにして②と交互に器に並べ、ゆずの皮をすりおろしてふる。ルッコラ、プリーツレタス、トレビスはざく切りにしてのせる。Aを合わせ、食べるときに全体に回しかける。

貝類 甲殻類

サラサラメモ
- 血小板の凝集を抑制する
- 血圧を安定させる
- コレステロールを減らす
- 血管を強くする
- 肝機能を高める

タウリンや亜鉛が血管を強くし、動脈硬化予防に効果的

多種類の魚介を薄味で汁ごとたっぷり食べられる、サラサラ効果満点の鍋物

魚介のブイヤベース

材料
- はまぐり、ムール貝………各8個
- あさり………………………150g
- わたりがに…………………1杯
- 有頭えび……………………4尾
- じゃが芋……………………大2個
- にんにくみじん切り………2かけ分
- 玉ねぎみじん切り…………1個分
- オリーブ油…………………大さじ4
- トマト水煮缶………½缶(200g)
- 白ワイン……………………カップ½
- A
  - 水……………………カップ5
  - 固形コンソメ(チキン)…1個
  - サフラン……………1つまみ
  - パセリ………………1枝
  - ローズマリー………1枝
  - タイム………………1枝
  - ローリエ……………1枚
  - 塩……………………小さじ1
- 塩、こしょう………………各少々
- パセリみじん切り…………適量

作り方

❶貝類はよく洗い、はまぐり、あさりは塩水(分量外)につけて砂出しをする。ムール貝は殻についている糸状のものを除く。かには4つにぶつ切りに、えびは背わたを取る。じゃが芋は皮をむいて六つ割りにする。

❷鍋にオリーブ油大さじ2を熱し、中火でにんにくをいためて香りを出し、玉ねぎを透き通るまでいためる。トマトの水煮缶、白ワインを加え、さらにAと①のじゃが芋を加えて中火で20分ほど煮る。

❸残りのオリーブ油で①の貝類、かに、えびを中火でいためて②の鍋に加え、5分煮て塩、こしょうで調味。

❹③を器に盛り、パセリをふる。

コレステロール含有量は心配されるほど多くない

あさり、かき、帆立て貝などの貝類や、かに、えびなどの甲殻類、いか、たこは、かつては、コレステロールが多く含まれる要注意食品とされ、たくさん食べると体によくないと思っている人は多いようです。

しかし、コレステロールの測定方法が改良された現在では、含有量は心配されるほど多くはないことが明らかになっています。これらの食品はむしろ、コレステロールを減らす働きのほか、血液をサラサラにする働きがあります。

さらに注目されるのは、アミノ酸の一種であるタウリンが豊富なこと。タウリンには肝機能を強化し、コレステロールの処理能力を高める働きがあり、さらにコレステロールからつくられる胆汁酸の分泌や排泄を促すので、結果的に血液中の余分なコレステロールを減らし、動脈硬化などを防ぐのに効果的です。また、交感神経の働きを抑制して血圧を安定させる働きも知られています。

貝類やかにはまた、ミネラルの一種である亜鉛が豊富で特に注目されるのは、ビタミンCとともにコラーゲンの生成を促進し、血管の健康を保つこと。たんぱく質の一種で、細胞の結合組織を構成するコラーゲンには、毛細血管を丈夫にする働きがあります。

たくさんの効果があるとして、非常に注目を集めています。魚介類特有の多価不飽和脂肪酸であるEPA、DHA(14ページ参照)も豊富で、血栓を予防する効果もあります。

お役立ちメモ●タウリンには肝機能を高める働きがあり、二日酔いの予防にも効果的。タウリンは魚、特に血合いの部分にも豊富。

ご飯にも酒の肴としても人気。ライムと塩でさっぱりと

えびとあさりのかき揚げ

材料
無頭えび	8尾
あさり（むき身）	100g
そら豆	20粒
衣	
┌ 小麦粉	大さじ4〜5
│ 溶き卵	1個分
└ 水	大さじ1
揚げ油	適量
ライムくし形切り	4切れ
塩	適量

作り方
❶えびは背わたを取って殻をむき、長さ2〜3cmのぶつ切りにする。あさりのむき身は薄い塩水（分量外）でサッと洗って水けをきる。そら豆は薄皮をむく。
❷ボウルに①のえび、あさりのむき身、そら豆を入れ、小麦粉をふり入れて全体を混ぜ、溶き卵と水をよく混ぜ合わせてから加え、さっくりと混ぜる。
❸中温（170度）の油に②をスプーンで落とし入れ、カラリと揚げる。ライムと塩で食べる。

かきはタウリンをはじめ、たんぱく質やミネラルの宝庫

かきと長ねぎのお好み焼き風

材料
かき（むき身）	200g
長ねぎ	1/2本
しょうがせん切り	1かけ分
ごま油	大さじ2
塩	適量
生地	
┌ 小麦粉	カップ1/3
│ 水	カップ1/3
└ 塩	少々
しょうゆ	適量
万能ねぎ小口切り	適量

作り方
❶かきは薄い塩水でサッと洗って水けをきる。長ねぎは斜めに薄切りにする。
❷ボウルに生地の材料を入れてよく混ぜ合わせる。
❸フライパンにごま油を熱し、中火でしょうがと長ねぎをいためる。香りが出たらかきも加えて焼きつけ、塩少々をふる。②の生地を全体に流し、縁が乾いてぱりぱりになるまで焼き、半分に折り重ねて器に盛る。刷毛でしょうゆを塗り、万能ねぎを散らす。

黒豆納豆

| サラサラメモ | 血小板の凝集を抑制する
過酸化脂質を減らす
コレステロールを減らす
血圧を正常に保つ
更年期障害の症状の緩和 |

多くの有効成分が血流をよくし、若さも健康も保証する

大豆には良質のたんぱく質をはじめ、カルシウムや食物繊維、ビタミンB群など多くの有効成分が含まれています。中でも最近は、大豆サポニン、大豆イソフラボン、レシチンといった成分が注目をあびています。

サポニンには過酸化脂質の増加を抑制する働きがあります。また、イソフラボンには女性ホルモンのエストロゲンに似た作用で、血液中の余分な中性脂肪を肝臓に吸収するとともに、血中コレステロールの増加を抑制する働きがあります。ですからイソフラボンは、女性の更年期障害の症状の緩和や骨粗鬆症の予防にも役立ちます。

レシチンは、体内で合成される水溶性ビタミンの一種、コリンの材料となるもので、LDL（悪玉）コレステロールが血管壁に付着しないようにする働きがあります。

黒豆は煮汁も飲むことで効果が倍増

大豆の一種である黒豆（黒大豆）は黄大豆の2倍近くのイソフラボンを含み、特にその効果が高いといえます。さらに、黒豆の表皮には黄大豆にはないアントシアニンなどのポリフェノール色素が含まれているため、血液をサラサラにする、よりすぐれた力を発揮します。

こうした黒豆の血流をよくする成分を効果的にとるには、黒豆の煮汁（ゆで汁）も捨てずに利用することです。黒豆の成分は水に溶けやすいので、煮出すことで有効成分がより効率的に取り出せるのです。毛細血管モデル（4〜5ページ参照）を使った実験でも黒豆の煮汁を飲むことで、血液の流れが著しく促進されることが実証されています。

いり黒豆を炊き込んだ精進風ご飯。いり豆の香ばしさもごちそうです

いり黒豆ご飯

材料
- いり黒豆（→下段）……米カップ1
- 米…………………………米カップ2
- 水…………………………米カップ3
- 塩…………………………小さじ2/3

作り方
① 米は炊く30分〜1時間前にといでざるにあけ、水けをきっておく。
② 炊飯器に①の米と水、塩を入れてサッとかき混ぜ、いり黒豆をのせて炊く。炊き上がりを蒸らし、全体を木じゃくしでさっくりと混ぜる。

黒豆のいり方・ゆで方

いり黒豆 黒豆米カップ1はフライパンに入れ、木じゃくしで混ぜながら弱火でゆっくりと30〜40分からいりする。皮がはじけてくればよい。

ゆで黒豆 黒豆米カップ1は洗って4〜5倍量の水と鍋に入れて1晩つけ、そのまま中火にかける。沸騰したらあくを取り、豆がおどらない程度の弱火で柔らかく煮る。途中、豆が水面から出ないように水を足す。

お役立ちメモ●血栓予防効果の高い納豆は夕食に。納豆の効果は食べてから7〜8時間後に高くなり、一方、血栓は深夜2〜3時にできやすいため。

スパイシーな香りと味で風味もサラサラ効果もアップ

黒豆カレー

材料
- いり黒豆（→P22）……… カップ1
- 玉ねぎみじん切り ………… 1個分
- にんじんみじん切り ……… 1/2本分
- おろししょうが ………… 1かけ分
- おろしにんにく ………… 1かけ分
- トマト水煮缶 ……… 1/2缶（200g）
- オリーブ油 ……………… 大さじ3
- 赤唐辛子 …………………… 1本
- シナモンスティック ………… 2cm
- ローリエ …………………… 1枚
- カレー粉 ………………… 大さじ2
- 水 ………………………… カップ3
- 固形コンソメ（チキン）……… 1個
- ガラムマサラ、塩 ……… 各小さじ1
- ナンまたはご飯 …………… 適量

作り方
❶鍋にオリーブ油を熱し、赤唐辛子、シナモンスティック、ローリエを弱火でいため、香りが出たら玉ねぎ、にんじんを加え、薄いきつね色になるまでいためる。
❷しょうが、にんにくと、カレー粉を①に加えて軽くいため、トマトの水煮缶、いり黒豆、水、固形コンソメを加えて30分煮込む。汁けがなくなったら水適量を足す。豆が柔らかくなったらガラムマサラ、塩で調味する。器に盛り、ナンを添える。

黒豆ドリンク

作り方 黒豆のゆで汁を鍋に入れ、温める。火からおろし、はちみつ、しょうが汁各適量を混ぜる。冷たくして飲みたいときは、粗熱を取って冷蔵庫で冷やす。

黒豆の黒みつかけ

作り方 ゆで黒豆を器に入れ、上から黒みつ、きなこの順に好みの量をかける。スプーンでかき混ぜながら食べる。黒豆のゆで汁を入れてもよい。

ゆで黒豆があればいつでもササッと1品できます

黒豆とツナのサラダ

材料
- ゆで黒豆（→P22）………カップ2
- ツナ缶（ノーオイル）…1缶（80g）
- ミニトマト………………………6個
- 玉ねぎみじん切り……………1/4個分
- ドレッシング
  - ワインビネガー…………大さじ3
  - はちみつ…………………小さじ2
  - オリーブ油………………大さじ3 1/3
  - 塩…………………………小さじ1/2
  - こしょう…………………少々
- サニーレタス、ミント………各適量

作り方
❶ツナ缶は缶汁をきって粗くほぐす。ミニトマトはへたを取り、縦2つに切る。
❷ドレッシングの材料を合わせた中にゆで黒豆、①のツナ缶、ミニトマト、玉ねぎをつける。そのまま30分以上おいて味をなじませ、サニーレタスを敷いた器に盛り、ミントを散らす。

さめてもおいしく、保存もきくので作りおきを

黒豆と手羽先のワイン煮

材料
- いり黒豆（→P22）………カップ1
- 鶏手羽先……………………………8本
- 塩……………………………小さじ1/2
- こしょう……………………………少々
- にんにく……………………………1かけ
- 玉ねぎみじん切り…………………1個分
- セロリみじん切り…………………1/2本分
- オリーブ油…………………大さじ1
- 水……………………………カップ2
- A 「赤ワイン……………………カップ1
    └ローリエ……………………1枚
- B 「しょうゆ……………………大さじ1/2
    │塩…………………………小さじ1/2
    └こしょう…………………少々

作り方
❶鶏手羽先は塩、こしょうをすり込む。にんにくは包丁でたたいてつぶす。
❷鍋にオリーブ油を熱してにんにくを中火でいため、香りが出たら手羽先を入れて色よく焼き、取り出す。
❸鍋に残った油で玉ねぎとセロリを弱火でゆっくりいため、しんなりしたら手羽先を戻し、いり黒豆、水、Aを加えてあくを除きながら中火弱で約30分煮る。
❹黒豆が柔らかくなったらBで味をととのえる。

香り豊かな野菜をたっぷり加えて、栄養バランス、抗酸化力ともにアップ

納豆のサラダパスタ

材料

- 納豆……………………200g
- しょうゆ………………大さじ2
- ミニトマト（赤・黄）……各12個
- A ┌ 塩……………………小さじ½
  │ こしょう………………少々
  └ オリーブ油……………大さじ4
- スパゲティ……………320g
- みょうがせん切り………3個分
- 青じその葉せん切り……10枚分

作り方

❶ミニトマトは皮を湯むきし、Aをふっておく。納豆はかき混ぜ、しょうゆを加えてよく混ぜる。

❷スパゲティはたっぷりの湯に塩適量（分量外）を入れてゆで、ざるにあけて冷水で手早く冷やし、水けをきってボウルに入れる。①の納豆とミニトマトを汁ごと加えてあえ、器に盛る。

❸みょうが、青じその葉をのせ、混ぜて食べる。

納豆特有のナットウキナーゼが血栓を溶かす

納豆菌によって合成されるナットウキナーゼ

納豆の血液サラサラ効果は、栄養豊富で「畑の肉」とも呼ばれる大豆と、稲わらなどに存在する納豆菌とが出合って生まれます。

いちばんの注目成分は、納豆菌が大豆を発酵させてできるナットウキナーゼという酵素。この酵素が大豆のたんぱく質を分解して、あのネバネバの糸をつくります。

ナットウキナーゼには、血液を固まりにくくして流れをよくするほか、できた血栓そのものに働きかけ、血栓を溶かすというすぐれた働きがあります。その効果は、血栓治療に用いる薬品に匹敵するといわれ、しかも効果の持続時間は約8時間と、薬品より格段に長いことが特徴です。

このほか、納豆には、血圧を下げる効果のある大豆たんぱく質、リノール酸、サポニン、LDL（悪玉）コレステロールを溶かすレシチン、強力な抗酸化作用のあるイソフラボンやビタミンEなども含まれ、さらに発酵によって脂質の代謝を促すビタミンB₂も飛躍的にふえることがわかっています。

ナットウキナーゼは加熱に弱いため、そのまま食べるのがベスト。料理に使うときは、サッと火を通す程度にとどめます。

納豆の油揚げ包み焼き

材料
- 納豆　……………… 200g
- しょうゆ ………… 大さじ2
- 油揚げ ……………… 2枚
- おろししょうが ……1かけ分

作り方
❶納豆はかき混ぜてしょうゆを加え、油揚げは長辺の端を切って袋に開き、納豆を詰める。
❷オーブントースターか焼き網で①をカリッとするまで焼き、半分に切って盛る。おろししょうがをつけて食べる。

納豆の春巻き

材料
- 納豆 ……………… 200g
- しょうゆ ………… 大さじ2
- にらみじん切り ……… 30g
- ごま油 …………… 小さじ1
- 春巻きの皮（市販品）… 4枚
- 水溶き小麦粉
  - 小麦粉 ………… 大さじ1
  - 水 ……………… 大さじ1
- 揚げ油 ……………… 適量

作り方
❶納豆はかき混ぜてしょうゆ、にら、ごま油を混ぜる。
❷春巻きの皮を半分に切り、①の納豆をのせて巻き、縁に水溶き小麦粉をつけてとめ、高温（180度）の油でカラリと揚げる。

包む　納豆を野菜や卵で包んで新しいおいしさ発見。
ナットウキナーゼは、70度を超すと壊れてしまうのでできるだけ熱を通さないようにするのがポイント。

納豆とチーズのオムレツ

材料
- 納豆 ……………… 100g
- しょうゆ ………… 大さじ1
- 卵 …………………… 6個
- A
  - 万能ねぎ小口切り…4本分
  - しょうゆ ……… 小さじ1
  - 塩、こしょう …… 各少々
- バター …………… 大さじ3
- チーズ（溶けるタイプ）… 30g
- クレソン …………… 適量

作り方
❶納豆はかき混ぜてしょうゆを混ぜ、卵はほぐしてAを混ぜる。
❷フライパンにバター¼量を熱し、①の卵液の¼量を流して箸でかき混ぜる。半熟状になったら納豆、チーズ各¼量をのせて包み、クレソンと器に盛る。残りも同様に焼く。

納豆とアボカドのレタス包み

材料
- 納豆 ……………… 100g
- しょうゆ ………… 大さじ1
- 練りわさび ……… 小さじ½
- アボカド ……………… ½個
- レタス ……………… 4枚

作り方
❶納豆はかき混ぜてしょうゆ、練りわさびを加える。アボカドは種と皮を除いて2cm角に切り、納豆と混ぜる。
❷レタスをカップにして①を包む。

混ぜる＆トッピング

とにかく毎日食べたい納豆。それには薬味を工夫するのがいちばん。栄養バランスもグ〜ンとよくなります。納豆の力と風味を引き出すおすすめ材料は、香りの強いもの、粘りけの強いもの、漬物などの発酵食品といったところ。また、納豆はよ〜くかき混ぜると、空気が入ってなめらかな味わいに。かの食通魯山人（ろさんじん）は424回かき混ぜたといいます。

山の芋

桜えび

貝割れ菜

たらこ

のりのつくだ煮

大根おろし

たくあん

ちりめんじゃこ

万能ねぎ、長ねぎ

まぐろ刺身用

帆立て貝柱（刺身用・缶詰）

カリカリベーコン

海藻ミックス

搾菜

スモークサーモン

ゆでオクラ

いりごま（白・黒）

カッテージチーズ

ゆで枝豆

いか刺身用

古漬けきゅうり

野沢菜漬け

からいりナッツ

キムチ

ゆでめかぶ

なめたけ（瓶詰）

梅干し

サラサラメモ
- 血小板の凝集を抑制する
- 代謝機能を活性化する
- 抗酸化作用
- カルシウムの吸収をよくする
- 疲労回復

酸味のもと、クエン酸が代謝を促し、血液の流れをよくする

見ただけで唾液が
出てきそうな梅干し。
このすっぱさが体に効く

梅白がゆ

材料
- 米……………米カップ1
- 水……………米カップ5
- 梅干し………………4個

作り方
❶米はといでざるに上げて水けをきり、土鍋または厚手の鍋に入れて水を加え、30分〜1時間おく。
❷①の鍋にふたをして強火にかけ、沸騰してきたらふきこぼれないように火を弱めて1度かき混ぜ、ふたを少しずらしてかけ、弱火で40〜50分煮る。火をとめ、ふたをして5分ほど蒸らす。
❸②を器に盛り、梅干しを添える。

さかのぼると、1000年以上も前になるといわれる日本人と梅との長いおつきあい。「梅はその日の難のがれ」というように、あのすっぱい1粒の中には、昔の人の生活の知恵によるたくさん詰まっています。

梅干しの酸味のもとになるのは、クエン酸、リンゴ酸、コハク酸など種々の有機酸です。中でもクエン酸は、エネルギー代謝の過程で特に重要な役割を果たします。

エネルギー代謝がスムーズに運ばないと、栄養素の不完全燃焼から、乳酸ができます。これが体内にたまると、血液が酸性に傾き、血液が流れにくくなって疲れやすい、肩がこる、頭が重いなどの疲労症状が出るうえ、細胞や血管を硬化させ、高血圧や動脈硬化の原因になったり、老化を早めたりすることになります。

クエン酸には、このエネルギー代謝をスムーズにして乳酸の過剰生産をおさえたり、血液の流れをよくして乳酸を肝臓に運び、分解させる働きがあります。昔から、梅が夏バテや疲労回復によいといわれるのはこのためです。

クエン酸にはまた、活性酸素の働きを抑制してLDL（悪玉）コレステロールの酸化を防いだり、カルシウムの体内吸収率を高める働きもあります。

カルシウムは非常に体に吸収されにくい栄養素で、カルシウムが多い食品をとっても、それだけではなかなか吸収されにくいのです。ところが、クエン酸と結びつくと、カルシウムは腸壁から吸収されやすくなります。

クエン酸のカルシウムと結びつく作用は血液の流れをよくする効果のもとになります。

たった1粒で効果は絶大。わずか1時間でドロドロからサラサラに

梅干しの血液サラサラ効果の特徴はその即効性にもあります。毛細血管モデル（4〜5ページ参照）を使った実験では、梅干し1粒を食べたあと、わずか1時間で驚くほどの血流改善効果がみられました。

梅干しを毎日食べるというと、高血圧が心配、という人がいるかもしれませんが、1日1粒程度ならそれほど気にすることはありません。塩分を気にして梅干しを避けるより、血液の流れをよくするために毎日食べたほうが、健康にははるかによいのです。

お役立ちメモ●乾いた米は最初に出合う水を十分に吸うので、ボウルにたえず水をためながら手早く洗います。

冷たくして食べると、酸味がすっきりと気持ちいい
梅入り冷やし茶碗蒸し

材料
卵液
- 卵 ……………………………… 2個
- 出し汁 ………………… カップ1½
- みりん ………………………小さじ1
- しょうゆ ……………………小さじ½
- 塩 ……………………………小さじ½

梅干し ………………………………… 4個

あん
- 出し汁 ………………………… カップ1
- みりん ………………………小さじ1
- しょうゆ ……………………小さじ½
- 塩 ……………………………小さじ¼
- 水溶き片栗粉
  - 片栗粉 ……………………小さじ1
  - 水 …………………………小さじ1

オクラ ………………………………… 1本

作り方
❶卵は割りほぐす。卵液の出し汁はみりん、しょうゆ、塩で味つけし、溶き卵を加えてこす。耐熱容器に注いで蒸し器に入れ、中火弱で約10分蒸す。表面が固まったら梅干しをのせ、ふたたび5～10分蒸し、粗熱を取って冷蔵庫で冷やす。
❷あんの出し汁はみりん、しょうゆ、塩で味をつけ、水溶き片栗粉でとろみをつけて冷やし、①の茶碗蒸しにかける。ゆでて小口切りにしたオクラをのせる。

揚げると"すっぱ～い"がマイルドな味わいになる
白身魚の梅しそてんぷら

材料
- 白身魚 ……………………………… 4切れ
- 梅干し ……………………………… 4個
- 青じその葉 ………………………… 12枚
- 衣
  - 小麦粉 ……………………… カップ½
  - 水 …………………………… カップ½
- 揚げ油 ……………………………… 適量

作り方
❶白身魚は1切れを3つにそぎ、厚みの半分に切り目を入れる。梅干しは種を取って粗くたたく。
❷①の白身魚の切れ目に梅肉をはさみ、青じその葉で巻いて小麦粉少々（分量外）をまぶす。
❸衣の小麦粉に水を加えてさっくりと混ぜ、②をくぐらせて中温（170度）の油でカラリと揚げる。

梅干し効果でえびのカルシウムが効率よくとれます
えびの梅肉あんかけ

材料
無頭えび	12尾
酒	小さじ½
塩	小さじ¼
片栗粉	大さじ1
はすいちょう切り	150g
しょうがせん切り	1かけ分
サラダ油	大さじ1
A 梅干し(たたいたもの)	2個分
水	カップ¾
中華スープの素	小さじ1
酒	大さじ1
砂糖	小さじ1
片栗粉	小さじ1
青じその葉せん切り	5枚分

作り方
❶えびは殻つきのまま背を開いて背わたを除いて殻をむき、酒、塩をからめて下味をつけ、片栗粉をまぶす。Aの材料は合わせておく。フライパンにサラダ油大さじ½を熱してえびをサッといため、取り出す。
❷①のフライパンにサラダ油大さじ½を熱し、強火でしょうがをいためて香りを出し、はすを加えて透き通るまで手早くいためる。①のえびを戻し、Aで調味し、とろみがついたら器に盛り、青じその葉をのせる。

たたいた梅干しと塩昆布少々を調味料がわりに
せん切りじゃが芋の梅肉あえ

材料
じゃが芋	3個
梅干し	2個
塩昆布	大さじ2

作り方
❶じゃが芋はせん切りにして水にさらし、しゃきしゃき感が残るくらいにゆで、冷水にとってさます。梅干しは種を取って粗くたたく。
❷①のじゃが芋の水けをふき、梅干し、塩昆布を加え、さっくりとあえる。

梅干しと梅酢で梅パワーを余さず利用します。
ほんのり桜色に染まったすし飯は風味ふんわり、後味すっきり

梅肉入りちらしずし

材料

米‥‥‥‥‥‥‥‥‥‥米カップ3
水‥‥‥‥‥‥‥‥‥‥米カップ3弱
酒‥‥‥‥‥‥‥‥‥‥大さじ1
昆布‥‥‥‥‥‥‥‥‥5cm角
合わせ酢
　┌砂糖‥‥‥‥‥‥‥‥大さじ1
　└梅酢‥‥‥‥‥‥‥‥カップ¼
梅干し‥‥‥‥‥‥‥‥2個
いり卵
　┌溶き卵‥‥‥‥‥‥‥1個分
　├砂糖‥‥‥‥‥‥‥‥大さじ½
　└塩‥‥‥‥‥‥‥‥‥少々
あなごの白焼き（市販品）‥‥1本
きゅうり小口切り‥‥‥‥1本分
三つ葉‥‥‥‥‥‥‥‥20g

作り方

❶米は炊く30分〜1時間前にといでざるに上げる。炊飯器に入れ、水と酒を合わせて米カップ3（540㎖）にして注ぎ、昆布をのせて炊く。合わせ酢の材料は混ぜておく。

❷卵は砂糖、塩を混ぜていり卵に、三つ葉は熱湯につけてざるにとり、2cmに切る。あなごは短冊切り、きゅうりは塩もみ（分量外）しておく。

❸ご飯が炊けたら昆布を除き、合わせ酢を加えてすし飯を作る。きゅうりの水けを絞って混ぜ、器に盛る。残りの❷とちぎった梅干しを散らす。

ご飯は盤台などにあけ、木じゃくしを伝わらせて合わせ酢をふりかけ、うちわであおぎながら底から返してさっくりと混ぜる。

使い回し

← 使い回し 梅ドレッシング　作りおき

材料（作りやすい分量）
梅干し……………………… 3個
酢 …………………………大さじ1/2
みりん ……………………大さじ1
出し汁 ……………………大さじ1
こしょう …………………少々
サラダ油 …………………大さじ3

作り方
❶梅干しは種を除き、包丁で細かくたたいてボウルに入れ、酢、みりん、出し汁、こしょうを順に入れてよく混ぜる。
❷①にサラダ油を糸状にたらしながら混ぜる。

梅干しは果肉をたたいてボウルに入れ、調味料と出し汁を加えながら泡立て器でよく混ぜ合わせる。サラダ油は少しずつ加えながら混ぜると分離しにくい。

グリーンサラダ

作り方
キャベツ2枚、きゅうり1本はせん切りにし、貝割れ菜1パックは根を切る。器にサニーレタス2枚を敷いてほかの野菜を盛りつけ、梅ドレッシング適量をかけて食べる。

← 使い回し 梅ディップ　作りおき

材料（作りやすい分量）
梅干し……………………… 3個
クリームチーズ……………100g

作り方
❶梅干しは種を除き、包丁で細かくたたく。
❷クリームチーズを柔らかく練り、①の梅干しを混ぜる。

クリームチーズは室温にもどしてからボウルに入れ、木じゃくしで練ると柔らかく練りやすい。梅干しの果肉をたたいて加え、全体によく練り混ぜる。

スティックサラダ&クラッカー

作り方
きゅうり1本、にんじん1/2本、大根の縦二つ切りにしたもの8cmは、それぞれスティック状に切り、クラッカー8枚、梅ディップ適量とともに器に盛り、野菜とクラッカーに梅ディップをつけて食べる。

毎日少しずつでも食べたいから冷蔵庫に常備 **作りおき&**

← 使い回し おかか梅　　作りおき

材料（作りやすい分量）
梅干し……………………………10個
かつお節………………………2つかみ

作り方
❶梅干しは種を除き、包丁で細かくたたく。
❷かつお節はフライパンにアルミ箔を敷いたところへのせ、中火でからいりし、手でもんで細かくする。
❸①の梅干しに②のかつお節を混ぜる。

梅干しは種を取り除いてまな板にのせ、包丁でトントンとたたき切る。最初に粗く刻んでからたたくと、包丁の刃がすべらず、やりやすい。

きゅうりとかぶの浅漬け

作り方
きゅうり1本は斜め薄切りにし、かぶ3個は薄い半月切りにしてボウルに入れる。かぶの葉少々を刻んで加え、さらにおかか梅大さじ2を加えて軽くもむようにあえる。

← 使い回し 簡単梅びしお　　作りおき

材料（作りやすい分量）
梅干し……………………………10個
みりん……………………………80ml

作り方
❶梅干しは種を除き、包丁で細かくたたく。
❷①を鍋に入れ、みりんを加えて弱火にかけ、木じゃくしで練る。つやが出て、木じゃくしで混ぜたとき、鍋底が見えるようになるまでよく練る。

弱火でつやが出るまでじっくり練るのがコツ。揚げた肉や魚にとろっとからめたり、手羽先の煮物などの仕上げに加えてもよい。1ヵ月保存できる。

刺身の梅じょうゆ

作り方
刺身は白身魚やいかなど適量を用意する。大根適量をせん切りにして器に盛り、青じその葉適量を敷いて刺身を盛る。つけじょうゆ適量に梅びしお少々を入れて添え、刺身につけて食べる。

酢 かんきつ類

サラサラメモ
- 血小板の凝集を抑制する
- 代謝機能を活性化する
- 抗酸化作用
- 血圧を下げる
- 疲労回復

血液の老廃物の排泄を促し、きれいな血液を保つ

グレープフルーツには
抗脂肪肝ビタミンと呼ばれる
イノシトールが含まれる

グレープフルーツとかぶのサラダ

材料
- グレープフルーツ……1個
- かぶ……3個
- 塩……小さじ1/2
- エンダイブ……適量
- ドレッシング
  - 粒マスタード……大さじ1
  - 塩……小さじ1/3
  - こしょう……少々
  - オリーブ油……大さじ2

作り方

❶ グレープフルーツは皮をむいて薄皮を除き、食べやすい大きさにほぐす。かぶは薄いいちょう切りにして塩をふる。エンダイブは洗って水けをきり、食べやすい大きさにちぎる。

❷ ボウルにドレッシングの材料を合わせ、グレープフルーツは汁ごと、かぶは水けをふいて加え、全体をあえる。器にエンダイブを敷いて盛る。

酢は昔から洋の東西を問わず「体にいい」とされ、広く調味料に使われてきました。酢の主な有効成分は、酸味のもとである酢酸で、クエン酸（28ページ参照）と同じ作用があります。また、酢に豊富に含まれるアミノ酸の一種、アルギニンには、強力な抗酸化作用に加えて血圧を上昇させる物質の働きを妨げる作用があります。さらにミネラルの中のカリウムが余分なナトリウム（食塩として摂取）の排泄を促し、血圧を下げる働きがあ

赤血球の膜を柔らかくして血液の流動性を高める黒酢

酢の中でも最近、注目されているのが黒酢です。黒酢は鹿児島県や沖縄県などの特産で、仕込みから発酵、熟成まで1つのかめの中で行われるのが特徴です。発酵の過程で人の手はいっさい加えられず、でき上がるまでに1年くらいかかります。屋外で作ることから複雑な発酵がおきまたその土地の微生物などもかかわって、色が黒く、香りも濃厚な黒酢ができ上がります。

人気の秘密は、この黒酢には、通常の米酢の10～20倍もの量の豊富なアミノ酸が含まれており、風味も効能も、よりすぐれていることにあります。黒酢には赤血球の膜を柔らかくする働きがあり、これは黒酢だけに認められる効果です。

クエン酸を取り入れるには、レモン、すだち、かぼす、グレープフルーツ、みかんなどのかんきつ類も効果的です。

かんきつ類には、ビタミンCや食物繊維も豊富に含まれています。ビタミンCは、細胞の結合組織であるコラーゲンの生成を助け、毛細血管を丈夫にします。果肉を包む袋状の皮についている白い筋は、水溶性食物繊維の一種で、血液中の総コレステロール値を下げる働きがあります。袋ごと食べるほうが効果的といえます。また、かんきつ類の色素はポリフェノールの一種で、ビタミンCの働きを助け、ビタミンCが酸化されるのを防ぎます。

お役立ちメモ しじみは真水につけて砂出しします。あさりの場合は海水程度（3～4％）の塩水に1晩つけて砂出しします。

アミノ酸豊富な黒酢のこくとパンチがきいています
さばの黒酢あんかけ

材料
さば	4切れ
塩、こしょう	各少々
小麦粉	少々
サラダ油	大さじ1
しょうがせん切り	1かけ分
にんじんせん切り	1/2本分
ゆで竹の子くし形切り	1本分
ピーマンせん切り	2個分
もやし	100g
水	カップ2/3
中華スープの素	小さじ2
A 黒酢	大さじ5
砂糖	大さじ1 1/2
酒	大さじ1
しょうゆ	小さじ1
塩	小さじ1/2
こしょう	少々
片栗粉	小さじ2

作り方
❶さばは塩、こしょうをふって下味をつけ、Aの材料は混ぜ合わせておく。さばに小麦粉をまぶし、フライパンにサラダ油大さじ1/2を熱して中火で両面を焼いて中まで火を通し、取り出して器に盛る。

❷①のフライパンに再びサラダ油大さじ1/2を熱し、中火でしょうがをいためて香りを出す。にんじん、竹の子、ピーマン、もやしを順に加えていため、水と中華スープの素を加えて煮立て、Aで調味。さばにかける。

鉄分の多いしじみの、ちょっと辛くてすっぱいスープ
しじみの黒酢スープ

材料
しじみ	300g
ミニトマト	12個
A 水	カップ4
中華スープの素	小さじ2
酒	大さじ2
B 塩	小さじ1/2
黒こしょう	少々
ラー油	小さじ1
黒酢	大さじ2
香菜(シャンツァイ)	2枝

作り方
❶しじみは真水につけて砂出しをし、ざるに上げて水けをきる。ミニトマトはへたを取る。

❷鍋に①のしじみ、Aを入れ、中火で煮立て、しじみの口が開いたらあくを除く。ミニトマトを加えて一煮し、Bで調味。器に盛り、香菜を刻んで散らす。

緑黄色野菜

サラサラメモ
- 抗酸化作用
- コレステロールを減らす
- 中性脂肪を減らす
- 血圧を下げる
- 血糖値を下げる

サラサラ血液に欠かせないビタミン、ミネラル、食物繊維を豊富に含む

カラフル野菜の勢ぞろい。
電子レンジを使うと
ビタミンCの損失も少ない

緑黄色野菜のレンジ蒸し

材料

にんじん	½本
かぼちゃ	150g
パプリカ（赤・黄）	各½個
ブロッコリー	100g
ミニトマト	8個
玉ねぎ	¼個
にんにく	1かけ
ベーコン	1枚
塩	小さじ1
こしょう	少々
オリーブ油	大さじ2

作り方

❶玉ねぎは2cm角、パプリカは種を除いて縦幅5mmに切る。ブロッコリーは小房に分ける。にんじんは厚さ3mmの輪切り、かぼちゃは種を除いて厚さ4～5mmのくし形切りにする。ベーコンは幅1cmに切り、にんにくは薄切り、ミニトマトはへたを除く。

❷耐熱ボウルに①を順に塩、こしょうをふりながら重ねる。オリーブ油をふり、ふわりとラップをして電子レンジで8分加熱。野菜に火が通ったら一混ぜし、5分蒸らす。

動脈硬化や高血圧を予防するには、脂質や塩分の摂取を減らすと同時に、ビタミン、ミネラル、食物繊維をバランスよくとることが大切です。緑黄色野菜は、これらの栄養素がすべて含まれている優良食品群です。

緑黄色野菜に含まれるビタミンとしては、まずLDL（悪玉）コレステロールの酸化を防ぐβ-カロテン（体内でビタミンAに変わる）、ビタミンC、ビタミンE、さらにエネルギー代謝に欠かせないビタミンB群などがあり、これらは相乗的に作用して強い抗酸化作用を発揮します。ミネラルは、緑黄色野菜の多くに含まれるカリウム、カルシウムなどを含み、血圧の上昇を防ぐ効果があります。さらに、野菜一般に多く含まれる食物繊維は、血中の総コレステロール値を下げます。

色や味の強い野菜がいい。毎日食べてこそ力になる

また、ファイトケミカル（生理活性物質）と呼ばれる成分が多いのも特徴です。これは緑黄色野菜の赤、オレンジ、黄色などの色素成分であるカロテノイドや、鮮やかな色や苦みや渋みなどの成分であるポリフェノールなどのことをいいます。玉ねぎ、にんにくなどのにおいや味のもととなる含硫化合物もこのファイトケミカルです。

カロテノイドの代表的なものが、にんじんやかぼちゃに多く含まれるβ-カロテンですが、トマトに含まれる赤色の色素成分リコピン、ほうれんそうなどの葉野菜に多いルテインなど、カロテノイドの種類はさまざま。また、ポリフェノールは、赤ワインのアントシアニンが有名ですが、ほとんどの野菜や果物に含まれており、よく熟した色の濃いものほど含有量が多いといえます。

これらの成分は、いずれも強い抗酸化作用をもちますが、それぞれ作用の仕方も、体内で効果を発揮する場所も異なります。いろいろな種類の野菜を少しずつ、毎日食べることが、血液を健康に保つひけつです。

お役立ちメモ●電子レンジの加熱時間は食品の重量にほぼ比例して長くなります。重量が2倍になると、加熱時間も2倍になります。

少量の油を使ってβ-カロテンの吸収率をアップ
にんじんとりんごのサラダ

材料
- にんじん……………………1本
- りんご………………………½個
- ドレッシング
  - レーズン………………大さじ1
  - レモン汁………………大さじ1
  - はちみつ………………小さじ1
  - 塩………………………少々
  - オリーブ油……………大さじ1
- チャービル…………………少々

作り方
❶ボウルにドレッシングの材料を合わせる。りんごは皮をつけたまま細切りにしてドレッシングであえておく。
❷にんじんは皮むき器で薄く削るようにしてスライスし、①のボウルに加えて軽く混ぜ合わせる。器に盛り、チャービルを飾る。

小松菜とじゃこのコンビでカルシウム満載の1品に
小松菜とじゃこのサラダ

材料
- 小松菜………………………1わ
- にんにくみじん切り………1かけ分
- ちりめんじゃこ……………50g
- 松の実………………………20g
- ごま油………………………大さじ3
- しょうゆ……………………大さじ½

作り方
❶小松菜は熱湯で色よくゆで、水にとって手早くさまし、水けを絞ってざく切りにする。
❷フライパンにごま油とにんにくを入れて中火にかけ、香りがしてきたらちりめんじゃこ、松の実を加えてカリッとなるまでいり、しょうゆを回しかける。
❸①を器に盛り、②が熱いうちにかける。

優秀素材の合わせワザで、サラサラ効果を強力に
にんじんとかぼちゃのスープ

材料
にんじん……………………2本
かぼちゃ…………………150g
玉ねぎ………………………¼個
ベーコン……………………1枚
バター……………………大さじ2
水………………………カップ1½
固形コンソメ（チキン）………1個
牛乳……………………カップ1½
塩、こしょう………………各少々

作り方
❶にんじん、かぼちゃは薄切りに、玉ねぎ、ベーコンは細切りにする。
❷鍋にバター、ベーコン、玉ねぎを入れて中火でいため、玉ねぎが透き通ってきたらにんじん、かぼちゃも加えていため、水と固形コンソメを入れて中火で10～15分煮る。野菜が柔らかくなったら飾り用にんじんを少し取り分け、ミキサーにかけて再び鍋に戻す。
❸②に牛乳を加えて一煮立ちさせ、味をみながら塩、こしょうで調味する。器に盛り、飾り用のにんじんをのせる。

たっぷりのほうれんそうに卵を加えたパワフルメニュー
ひすいチャーハン

材料
ほうれんそう………………1わ
卵……………………………4個
かに缶………………1缶（55g）
ご飯………………………800g
サラダ油……………大さじ3～4
塩…………………………小さじ1
こしょう……………………少々
酒…………………………小さじ2
しょうゆ…………………小さじ1

作り方
❶ほうれんそうはゆでてみじん切りにし、水けをきつく絞る。卵は割りほぐして塩、こしょう各少々（分量外）をふる。かに缶は缶汁をきり、軟骨を除く。
❷フライパンにサラダ油大さじ3を熱し、①の卵液を流し入れて大きくかき混ぜながら中火でいためる。半熟状になったら、温かいご飯を加え、玉じゃくしの底でたたくようにほぐしながらいためる。
❸②のご飯がパラパラした状態になったら①のほうれんそう、かに缶をサッといため合わせ、塩、こしょう、酒、しょうゆで調味する。途中、ご飯が底につくようなら油を足す（2回に分けるとパラリと仕上がる）。

春菊は仕上げに加えて手早く熱を回らせるのがポイント
春菊とそばのペペロンチーノ

材料
- 春菊……………………… 1わ
- そば（乾めん）………………320g
- 長ねぎ…………………… ½本
- にんにく薄切り………… 2かけ分
- アンチョビ……………… 2枚
- 赤唐辛子………………… 2本
- オリーブ油……………… 大さじ3
- 塩………………………… 小さじ½
- こしょう………………… 少々

作り方
❶春菊は葉を摘む。長ねぎは斜め薄切りにし、赤唐辛子は種を取る。アンチョビは軽くたたいておく。
❷そばは沸騰湯でかためにゆでて水にとり、手早く洗ってざるに上げ、水けをきる。
❸フライパンににんにく、赤唐辛子、オリーブ油を入れて中火で熱し、にんにくが色づいたらアンチョビ、長ねぎを加えていためする。②のそばを加えてさらにいため、塩、こしょうで調味する。春菊を加え、すぐに火を止め、手早く混ぜて器に盛る。

にらの独特の香りは玉ねぎと同様の含硫化合物による
にらとにんじんとあさりのジョン

材料
- にら ……………………… 1わ
- にんじん………………… ½本
- あさり（むき身）………100g
- はす………………………150g
- 溶き卵…………………… 2個分
- 塩、こしょう…………… 各少々
- 小麦粉…………………… 大さじ4
- ごま油…………………… 適量
- 糸唐辛子………………… 適量
- たれ
  - ┌ しょうゆ……………… 大さじ2
  - │ 酢……………………… 大さじ1
  - │ みりん………………… 大さじ1
  - └ ラー油………………… 小さじ1

作り方
❶にらは長さ5cmに切り、にんじんはせん切りにする。あさりのむき身は薄い塩水（分量外）で手早く洗って水けをきる。はすはすりおろす。
❷ボウルに①のにら、にんじん、あさりを入れて塩、こしょう、小麦粉をまぶし、はす、溶き卵を混ぜる。
❸フライパンにごま油を熱し、②の半量を流し、中火で両面焼く。残りも同様に焼く。切って盛り、糸唐辛子を散らす。たれの材料を合わせて添え、つけて食べる。

そば

サラサラメモ
- 毛細血管を強くする
- 血圧を下げる
- コレステロールを減らす
- 糖尿病を予防する
- 肝機能を高める

豊富に含まれるルチンに毛細血管を丈夫にし、血圧を下げる働きがある

そば粉以上にルチンを含む
そばもやしも加えて
サラサラ血液を実現

ぶっかけそば

材料
- そば（乾めん）……………400g
- そばもやし………………… 1わ
- もずく………………………300g
- 温泉卵……………………… 4個
- めんつゆ（濃縮3倍タイプ）
  ……………………………カップ½
- 水………………………カップ1½

作り方
❶そばは沸騰湯でゆでて水にとり、洗ってざるに上げ、水けをきる。
❷そばもやしは洗って根元を切る。もずくは水で塩抜きをし、洗って切り、軽くたたいて粘りけを出す。
❸器に①のそば、②、温泉卵を盛り、めんつゆを水で薄めてかける。

必須アミノ酸をはじめ、ビタミン、ミネラル、食物繊維などをバランスよく含む

そばは、めん類の中でも特に栄養価にすぐれ、また、昔から高血圧によい食べ物とされてきました。とりわけ、体内で合成できない必須アミノ酸を理想的なバランスで含み、さらに糖質の代謝に必要なビタミンB_1、脂質の代謝を促すビタミンB_2、コリン、ナイアシンなどのビタミンや、カリウム、マグネシウムといったミネラルも多く含みます。

こうした多くの有効成分の中でも、現在、もっとも注目されているのがルチンです。

ルチンの量が日本そばの100倍というダッタンそば

私たちがふだん食べている日本そばのほかに、別名「苦そば」と呼ばれるそばがあります。それがダッタンそばで、独特の苦みがあるためあまり一般的ではありません。このダッタンそばは、ダッタン人が好んで食べたそばという意味で、現在でも中国の内モンゴル、ロシア、ヒマラヤ周辺の国々で栽培され、食用にされています。

ダッタンそばには、日本で一般的に食べられている普通種にくらべておよそ100倍ものルチンが含まれていることがわかっています。

毛細血管モデル（4〜5ページ参照）を使った実験では、日本そばを食べて1時間後の血液の流れは、改善された人がいる一方で、あまり変化がない人もいるというようにばらつきがみられましたが、ダッタンそばの場合は、測定した全員の血液の流れがよくなったという結果が出ています。

ダッタンそばは、その栄養価の高さや、高血圧、糖尿病の改善効果が知られるようになり、大いに注目されています。

ルチンはポリフェノールの一種で、かんきつ類の黄色い色素などとともにビタミンPの仲間に入っていますが、ほかの食品からはなかなか摂取できない貴重な栄養素です。体の組織を支えるコラーゲンの生成に欠かせないビタミンCの吸収を助け、ビタミンCが酸化されるのを防いで毛細血管を強くします。また、血圧を下げる働きは広く知られており、中国では昔から漢方の高血圧治療薬として使われてきましたが、最近では、膵臓の働きを助けてインシュリンの分泌を促し、糖尿病を予防する効果もあると報告されています。

お役立ちメモ●そばに含まれるルチンは水溶性なので、そばのゆで汁にも溶け出します。そば湯もむだなく飲むとよいでしょう。

中華料理でおなじみのかた焼きそばをアレンジ。
パリッと揚げたそばにたっぷり野菜で栄養バランスも上々

そばの野菜あんかけ

材料

- そば（乾めん）……………250g
- 青梗菜（チンゲンツァイ）……………4株
- にんじん……………1/2本
- 生しいたけ（軸を除く）……6個
- きくらげ……………2g
- ぎんなん水煮……………12粒
- しょうが薄切り……………1かけ分
- 揚げ油……………適量
- サラダ油……………大さじ2
- 水……………カップ1
- 中華スープの素……………小さじ2
- A
  - 酒……………大さじ1
  - 塩……………小さじ1/3
  - こしょう……………少々
  - 片栗粉……………小さじ2
- ごま油……………小さじ2

作り方

❶にんじんは短冊切り、生しいたけは薄切り、青梗菜はざく切りに、きくらげはもどしてちぎる。

❷そばは沸騰湯でかためにゆでて水にとり、手早く洗ってざるに上げる。少量ずつ箸で押さえながら中温（175度）の油で揚げ、器に盛る。

❸中華鍋に油を熱し、しょうがを中火でいためて①、ぎんなんを順に加え、強火でいためる。水と中華スープの素を加える。Aを合わせて調味し、ごま油をたらして②にかける。

そばの滋味、有効成分が丸ごととれます
そばがきだんご汁

材料
そば粉	100g
熱湯	160㎖
なめこ	100g
まいたけ	100g
生しいたけ	4個
おろし大根	8cm分
三つ葉	少々
めんつゆ（濃縮3倍タイプ）	カップ½
水	カップ1½

作り方
❶そば粉に熱湯を加えてよく練り、一口大にまとめ、オーブントースターで焼き目をつける。
❷きのこは石づきを除く。なめこは熱湯に通し、まいたけは食べやすい大きさに裂き、生しいたけは薄切りにする。三つ葉は長さ3cmに切る。
❸鍋にめんつゆと水を入れて火にかけ、煮立ったら❷のきのこを加え、サッと火を通す。
❹器に❶、おろし大根、❸の順に盛り、三つ葉を飾る。

ルチンは熱に強いので、揚げ物の衣にも安心
そば粉のフリッター

材料
A	そば粉	80g
	小麦粉	20g
	塩	小さじ⅓
	砂糖	大さじ1
水		130〜150㎖
サラダ油		大さじ1
いり黒ごま		大さじ1
グリーンアスパラガス		4本
生しいたけ		4個
ズッキーニ		½本
コーン（冷凍品）		100g
揚げ油		適量
レモンくし形切り		4切れ

作り方
❶アスパラガスはかたい根元を切り落とし、生しいたけは石づきを取る。ズッキーニは薄い輪切りにする。
❷ボウルにAを入れ、水、サラダ油を加えてさっくり混ぜて衣を作る。
❸アスパラガスと生しいたけにそば粉（分量外）を軽くふり、❷の衣をつけて中温（175度）の油で揚げる。
❹残りの衣に黒ごまを混ぜ、ズッキーニ、コーンにもそば粉（分量外）をふってから衣をつけ、同様に揚げる。器に❸と盛り、レモンを添える。

注目のダッタンそばで

ダッタンそばの特徴である独特のほろ苦みは、普通種の100倍も多く含まれているというルチンが変化して出てくるもの。つまりは、それだけ、血液サラサラ効果も高いという証しです。苦いけれども滋味は豊か。はるか昔から、ダッタン人は、貴重な栄養源として、このそばを栽培し、ことに野菜が不足する冬は、このそばで栄養のバランスをとってきました。日本では、全国の自然食品や健康食品の店などで購入できます。

ダッタンそば粉

普通そば粉

ダッタンそば粉は普通のそば粉よりやや色が濃いのが特徴。写真のダッタンそば粉は新そばの実を挽いたもので、淡い緑色を帯びている。ルチンの1日の所要量は50mg。産地にもよるが、ダッタンそばの実1gには約20mg含まれる。

卵やハムを包んで主食がわりに。生地には砂糖を少し加えると、ダッタンそばのこくが引き立ちます

ダッタンそばのクレープ

材料
- A ┌ そば粉（ダッタンそば）…100g
-   │ 砂糖………………………大さじ2
-   └ 塩…………………………小さじ1/3
- 卵……………………………………6個
- 牛乳………………………………カップ3/4
- ハム…………………………………8枚
- チーズ（溶けるタイプ）………100g
- バター………………………………適量
- 塩、粗びき黒こしょう………各少々
- エンダイブ、チコリ………各適量

クレープ生地は、粉類と卵を泡立て器でよく練り混ぜながら、牛乳を少しずつ加えながら混ぜる。目の細かいこし器でこすとなめらかな生地になる。

作り方
❶ボウルにAを入れ、卵2個を溶きほぐして混ぜ、牛乳を加えてこす。
❷フライパンにバターを弱火で溶かし、①の1/4量を丸く流す。表面が乾いてきたらハム2枚、卵1個、溶けるチーズ1/4量を中央にのせ、塩、粗びき黒こしょうをふり、縁を内側にたたんでチーズが溶けるまで焼く。残りも同様に焼く。

ダッタンそばの桜もち風

作り方
白玉粉、砂糖各20gに水カップ1/2を少しずつ加えて混ぜ、なめらかになったらそば粉40gを混ぜる。半量に抹茶小さじ1を同量の水で溶いて混ぜる。フライパンにサラダ油を薄くひき、生地を流して8×6cmの楕円形に各4枚焼く。こしあん（市販品）240gを8個の筒状に丸め、皮で巻く。

| サラサラメモ | 血圧を下げる
コレステロールを減らす
血糖値を安定させる
カルシウムの吸収をよくする
整腸作用 |

きのこ

低エネルギーで、ビタミンDやカリウム、食物繊維の貴重な供給源

きのこに豊富な食物繊維には整腸作用とともに、血液中のコレステロール値を下げたり、血糖値を安定させたりする働きがあります。カリウムの含有量も多く、余分なナトリウム（食塩として摂取）の排泄を促し、血圧を下げる作用があります。

きのこの中でも、しいたけに特有のエリタデニンという成分には、肝臓でコレステロールの代謝を促す働きが顕著に認められており、食物繊維との相乗効果で血液中のコレステロールの増加を防ぎます。

最近の注目株は、エリンギ。イタリアの家庭料理などで広く使われ、健康と美容に役立つといわれています。日本でも、動物実験では、脂肪肝を防ぐ効果が報告され、話題を呼んでいます。これは、高脂肪のえさを長期間、ラットに与え続けても、そこにエリンギを混ぜると、肝機能は低下せず、肝臓の脂肪沈着もわずかだったというものです。

使う前に目にあてておくとビタミンD効果がアップする

このほか、しいたけ、きくらげなどに特に多い有効成分としてよく知られているのがビタミンD。ビタミンDにはカルシウムの吸収を助け、骨や歯に沈着するのを促す働きがあります。これらのきのこには、ビタミンDの前駆物質（プロビタミンD）エルゴステリンが多く含まれており、体内に入ると、ビタミンDと同じ働きをします。

エルゴステリンは日光にあたるとビタミンDに変化するため、天日干しの干ししいたけに多く含まれています。最近の干ししいたけは、機械乾燥のものが多くなっていますが、調理の前に1時間ほど傘の裏側に日光をあてると、ビタミンD効果がアップ。生しいたけも同様にします。

低エネルギーで淡白さが持ち味のきのこは、いろいろな素材と組み合わせることができます。しかもうまみ成分のグルタミン酸などをたっぷり含み、プリプリとした食感も楽しいもの。さまざまな料理に活用してみましょう。

ビタミンD効果がアップする干ししいたけと、昆布のうまみの競演

しいたけと昆布の煮物

材料
干ししいたけ …………… 12個
水 …………………… カップ4
日高昆布 ……………… 12cm
酒、みりん ………… 各大さじ1
しょうゆ …………… 大さじ1/2
塩 …………………… 少々

作り方
❶干ししいたけは分量の水でもどして軸を除く。昆布は長さ6cm、幅1.5cmに切り、結んでおく。
❷①のしいたけはもどし汁ごと鍋に入れ、昆布も加えて中火にかける。沸騰したらあくを除き、弱火で約20分煮る。昆布が柔らかくなったら酒、みりん、しょうゆ、塩を加え、中火で10分煮て味を含ませる。

お役立ちメモ●干ししいたけはボウルに水をはって入れ、ラップをして電子レンジで加熱し、ぬるま湯状態にしてもどすと簡単です。

海藻

サラサラメモ
- 血圧を下げる
- コレステロールを減らす
- 血糖値の急上昇をおさえる
- 基礎代謝を高める
- 貴重なミネラル源

ぬめりのもと、アルギン酸がコレステロール値や血圧を下げる

アルギン酸は水溶性の食物繊維（46ページ参照）で、カリウムと同様に血液中のナトリウム（食塩として摂取）を吸着して排泄し、血圧を下げる効果があります。アルギン酸は、海藻の中でも、昆布、わかめ、ひじきなど褐藻類に多く含まれます。

海藻には食物繊維のほかにも、抗酸化作用のあるビタミン類や、クロロフィル（葉緑素）、血圧を下げるのに効果的なカリウムやカルシウム、マグネシウム、亜鉛などのミネラル、成長期の子供に欠かせないヨードなどの有効成分が含まれています。

特に昆布は、カリウムとヨードの含有量は海藻中ナンバーワンです。また、ひじきは鉄分を効率よくとれる食品としてトップクラスです。

ひじきのミネラルと食物繊維の含有量は海藻中トップ

ひじきの五目サラダ

材料
- ひじき（乾燥品）……………30g
- しめじ、枝豆（さやつき）‥各100g
- きゅうり半月切り……………1本分
- トマトさいの目切り…………小1個分
- サラダ油………………………大さじ1
- A［塩、こしょう……………各少々
　　酒、しょうゆ……………各大さじ1］
- レモン汁………………………大さじ2
- いり白ごま……………………大さじ1

作り方
❶ひじきはもどし、しめじはほぐす。きゅうりは塩少々（分量外）をふる。枝豆はゆでてさやから出す。
❷鍋に油を熱し、しめじ、ひじきの順に中火でいため、Aで調味。ボウルにあけてレモン汁をふってさます。枝豆、きゅうり、トマト、白ごまを加えて混ぜる。

高血圧の人に効果的な根昆布水。水を入れたコップに根昆布を切って入れておき、とろみがついたら飲む。

アルギン酸豊富な昆布は昔から「高血圧」のクスリだった

切り昆布といかのサッと煮

材料
- 切り昆布（もどしたもの）……150g
- いか（胴・足）…………………1杯分
- えのきだけ………………………100g
- 赤唐辛子小口切り………………1本分
- しょうがせん切り………………1かけ分
- サラダ油…………………………大さじ1
- 酒…………………………………大さじ3
- しょうゆ…………………………大さじ1½

作り方
❶切り昆布、いかは適宜、食べやすく切る。えのきだけはほぐす。
❷鍋に油を熱し、赤唐辛子、しょうが、①の順に中火でいため、酒、しょうゆで調味。汁けを煮含める。

お役立ちメモ ●乾物は冷凍庫で保存します。冷凍庫は乾燥しているので、湿気を嫌う乾物の保存に最適です。特に梅雨時にはおすすめ。

最強成分❶ 食物繊維

コレステロール値や血圧を下げる水溶性食物繊維

最強成分でサラサラ

食物繊維、ビタミン、ポリフェノール、オレイン酸

血液サラサラ効果は食品に含まれる各栄養素や微量成分などの複数の要素が作用しあって表れます。1つだけに偏らず、いろいろな食品から多くの種類をとりましょう。

食物繊維には、不溶性のものと水溶性のものとがあります。不溶性食物繊維は、腸内で水分を吸収してふくらみ、腸の働きを活発にして便通を促す効果があります。また、腸内の有益菌をふやす働きもあります。野菜やきのこなどに含まれる食物繊維のほとんどは不溶性です。

水溶性食物繊維は、厳密には繊維ではありませんが、食品の水分を吸ってヌルヌルとしたゲル状になる性質があり、消化液で消化されないことから、食物繊維のグループに入っています。こんにゃくなどに含まれるグルコマンナン、野菜やいちごなどの果物に含まれるペクチン、海藻に含まれるアルギン酸など多くの種類があります。

体内の余分な脂肪やコレステロールなどをからめ取って体外に排泄し、血液をサラサラにする働きは、主にこのヌルヌル成分にあります。また、食後の血糖値の急上昇を防いだり、コレステロールの吸収を抑制する働きもあります。水溶性食物繊維の中でも、海藻類のヌルヌル成分であるアルギン酸は、特に血圧を下げる効果が高いとされます。

はすは水溶性と不溶性の食物繊維をバランスよく含みます

はすのはさみ煮

材料

- はす ……………………… 250g
- 豚ひき肉 ………………… 250g
- A
  - 長ねぎみじん切り …… 1/2本分
  - 溶き卵 ………………… 1/2個分
  - しょうゆ ……………… 少々
  - 塩 ……………………… 小さじ1/2
  - こしょう ……………… 少々
- 片栗粉 …………………… 適量
- 揚げ油 …………………… 適量
- B
  - 水 ……………………… カップ1・1/2
  - 中華スープの素 ……… 小さじ1
  - みりん ………………… 大さじ1/2
  - しょうゆ ……………… 大さじ1/2
  - 豆板醬（トウバンジャン） … 小さじ1
  - オイスターソース …… 大さじ1/2
- 水溶き片栗粉
  - 片栗粉、水 …………… 各小さじ1

作り方

❶ はすは厚さ5mmの輪切りにして水にさらす。
❷ 豚ひき肉にAを加えてよく練る。
❸ ①の水けをふき、片面に片栗粉をつけて2枚で②をはさみ、まわりにも片栗粉をつけて中温（170度）の油で揚げる。
❹ 鍋にBを入れて一煮立ちさせ、③を並べ入れる。弱火で10分煮、水溶き片栗粉でとろみをつける。

和食の再認識とともに注目されているごぼうがたっぷり
豆腐ステーキごぼうソース

材料
豆腐	2丁
ごぼう	2本
ゆで竹の子	½本（100g）
スナックえんどう	50g
にんにく薄切り	2かけ分
サラダ油、バター	各大さじ2
酒	大さじ2
みりん	大さじ1
しょうゆ	大さじ2
パセリみじん切り	大さじ½
こしょう	少々

作り方
❶ごぼうはせん切りにして水にさらし、あくを除いて水けをきる。竹の子は穂先を薄切り、ほかをせん切りにする。スナックえんどうはゆでる。

❷豆腐は厚さ2cmに切って水けをきり、塩、こしょう（分量外）をふる。フライパンにサラダ油を熱し、中火で両面を焼いて器に盛る。

❸フライパンにバターとにんにくを熱し、色づいたら①のごぼう、竹の子を加えていためる。ごぼうが透き通ったらスナックえんどうを加え、酒、みりん、しょうゆで調味。パセリとこしょうをふり、②の豆腐にかける。

根菜類がいろいろ食べられるとっておきレシピ
根菜のミルクかす汁

材料
ごぼう	1本
にんじん	1本
大根	¼本
長ねぎ	1本
豚もも薄切り肉	150g
サラダ油	大さじ½
出し汁	カップ2
牛乳	カップ2
酒かす	50g
みそ	大さじ5〜6

作り方
❶豚肉は一口大に切る。ごぼうは縦半分の斜め薄切りにして水にさらす。にんじんと大根は長さ3cmの短冊切り、長ねぎはぶつ切りにする。

❷鍋にサラダ油を熱して豚肉を中火でいため、色が変わったらごぼう、にんじん、大根の順に加えいためる。油が回ったら長ねぎ、出し汁を加え、野菜が柔らかくなるまで約15分煮る。牛乳を注ぎ、酒かすを細かくちぎって入れ、みそを溶かし入れて一煮立ちさせる。

いんげん豆の食物繊維量は豆の中でもナンバーワン
白いんげん豆のトマト煮込み

材料
白いんげん豆…………………200ｇ
水………………………………カップ4
にんにくみじん切り………1かけ分
トマト水煮缶………1缶（400ｇ）
オリーブ油………………大さじ2
塩…………………………小さじ1
セージ………………………1枝

作り方
❶白いんげん豆は洗ってざるに上げ、鍋に入れて水を加え、半日つけておく。
❷①ににんにく、つぶしたトマトの水煮と缶汁、オリーブ油、セージの葉1～2枚を入れて強火にかけ、一煮立ちしたら弱火にして豆が柔らかくなるまで煮る。塩で味をととのえ、器に盛って残りのセージを飾る。

里芋のねっとり感とクリーミーなソースが絶妙
里芋のクリームグラタン

材料
里芋………………………………4個
ブロッコリー……………………1/2個
長ねぎ小口切り………………1本分
無頭えび…………………………8尾
バター……………………大さじ1
水、牛乳………………各カップ1 1/2
固形コンソメ（チキン）………1個
塩、こしょう……………………各少々
水溶き片栗粉
　片栗粉、水……………各小さじ1
粉チーズ、パン粉……各大さじ1 1/2

作り方
❶里芋は洗って水けのついたまま皮ごと電子レンジで6～7分加熱して皮をむき、乱切りにする。ブロッコリーは小房に分けてゆでる。無頭えびは背わたを除き、殻をむいてサッとゆでる。
❷長ねぎはバターで軽くいため、水、固形コンソメを加えて中火で煮る。柔らかくなったら牛乳、ブロッコリー、えびを加え、塩、こしょうで調味して水溶き片栗粉でとろみをつける。
❸グラタン皿に里芋を並べ、②を流し入れ、粉チーズとパン粉をふり、オーブントースターで色よく焼く。

繊維食品満載、エネルギー控えめのめんメニュー
けんちんうどん

材料
うどん	4玉
ごぼう	1本
にんじん	1本
里芋	300g
こんにゃく	1枚
生しいたけ（軸を除く）	4個
絹ごし豆腐	1丁
小松菜	100g
出し汁	カップ6
みりん	大さじ3
しょうゆ	大さじ½
塩	大さじ½
しょうがの絞り汁	1かけ分

作り方
❶ごぼうはささがきにして水にさらす。にんじんは半月切り、里芋は乱切りにする。こんにゃくは一口大にちぎって下ゆでする。生しいたけは薄切りにする。
❷鍋に出し汁と①を入れて柔らかくなるまで中火で煮る。豆腐をやっこに切って加え、みりん、しょうゆ、塩、しょうがの絞り汁を加えて味をととのえる。
❸うどんをゆでて器に盛り、②をかけ、ゆでて3cmに切った小松菜をのせる。

乾物は生のときより栄養もうまみもギュッと凝縮
切り干し大根のはりはり

材料
切り干し大根	50g
にんじんせん切り	4cm分
セロリせん切り	1本分
A 砂糖	大さじ2½
A しょうゆ	大さじ4
A 酢	大さじ4
ゆず	½個

作り方
❶切り干し大根はサッと洗い、水に15分つけてもどす。
❷耐熱容器に①を入れ、もどし汁をひたひたに加えてラップをし、電子レンジで5分加熱し、軽く水けをきってさます。
❸ボウルににんじん、セロリ、②の切り干し大根を入れ、Aを加えて混ぜる。ゆずは絞り汁と皮を一緒にボウルに加える。約1時間おいて味をなじませる。

最強成分❷

ビタミン

強力な抗酸化作用で血管を若返らせる

ビタミンA・Eが多いうなぎと
β-カロテン、ビタミンCが多い
にんにくの茎の理想的な出合い

うなぎとにんにくの茎の卵いため

材料
- うなぎのかば焼き(市販品)…1尾分
- にんにくの茎……………100ｇ
- 卵………………………4個
- 塩………………………少々
- サラダ油………………大さじ2
- 酒………………………大さじ1
- 粉山椒…………………少々

作り方

❶うなぎのかば焼きは一口大に切る。にんにくの茎は根元のかたい部分を切り落とし、長さ5cmに切る。卵は塩少々を加えて軽く溶きほぐす。

❷フライパンにサラダ油を熱し、にんにくの茎を中火でいためる。油が全体に回ったらかば焼きを加えて酒をふりかけ、①の卵を流し入れ、大きくかき混ぜて粉山椒をふり、半熟状にいためて取り出す。

抗酸化ビタミンと呼ばれるβ-カロテン、ビタミンC、E

ビタミンには多くの種類があり、それぞれ体にとって大切な役割を果たしますが、中でも強力な抗酸化作用をもち、抗酸化ビタミンと呼ばれているのがβ-カロテン(体内でビタミンAに変わる)、ビタミンC・Eの3種類です。

ビタミンEは、各種ビタミンのうち、もっとも強い抗酸化力をもち、体内のいたるところでおこる細胞の酸化を防ぎ、過酸化脂質をつくらないようにする働きがあります。LDL(悪玉)コレステロールの酸化を防ぎ、さらには過酸化脂質の分解を促す作用もあります。若返りビタミン、美容ビタミンと呼ばれるのは、この強い抗酸化作用で細胞を若々しく保ち、老化を防ぐ効果があるためです。

ビタミンEの抗酸化作用は、ビタミンCが十分にあると、より効果的に働きます。ビタミンC自体にも強力な抗酸化作用がありますが、ビタミンEの働きを助けるのもビタミンCの重要な仕事の1つなのです。

ビタミンEは、ごま、アーモンド、ピーナツなどの種実類や植物油、いわしの缶詰、うなぎ、すじこ、西洋かぼちゃなどに多く含まれます。

ビタミンCは、また、丈夫でしなやかな血管をつくるコラーゲンの生成にも関係し、さらに、かぜをはじめとする感染症の予防などにも効果的です。

ビタミンCは、芽キャベツやブロッコリー、ピーマン(赤・黄)、カリフラワー、小松菜、ほうれんそうなどの野菜やじゃが芋、さつま芋といった芋類、いちご、かんきつ類、柿などの果物に多く含まれますが、酸化されやすく、水洗いや加熱によって含有量が減ってしまいます。調理するときは、火を通しすぎないように手早く、が鉄則。芋類のビタミンCは加熱に強いので、上手に利用しましょう。

また、緑黄色野菜(36ページ参照)や海藻などに多く含まれる色素成分のβ-カロテンは、体内で必要に応じてビタミンAに変換されますが、変換する前のβ-カロテンには強力な抗酸化作用があります。

材料

- パプリカ（赤・黄・オレンジ） ……各1個
- にんにく ……1かけ
- 玉ねぎ ……½個
- オリーブ油 ……大さじ3
- A
  - 砂糖 ……小さじ1
  - 酢 ……大さじ3
  - 塩 ……小さじ½
  - こしょう ……少々
- バジルの葉 ……少々

作り方

❶ パプリカはへたと種を除いてせん切りにする。にんにくはたたいてつぶし、玉ねぎは薄切りにする。

❷ フライパンににんにくとオリーブ油を中火で熱し、香りが出たら玉ねぎをいため、透き通ってきたらパプリカを加えて弱火でゆっくり10～15分いため、Aで調味する。器に盛り、バジルを飾る。

ピーマン類には毛細血管を強くするビタミンPも多い。
マリネの植物油でビタミンEもプラスできます

パプリカのマリネ

最強成分❸
ポリフェノール
植物全般に含まれ、強い抗酸化作用で活性酸素を撃退

サラサラ効果を高めてくれるおしゃれなデザート。りんごには水溶性の食物繊維も豊富

りんごの赤ワイン煮

材料
りんご	4個
赤ワイン	1本
グラニュー糖	80g
シナモンスティック	1本
クローブ	5粒

作り方
❶りんごは縦半分に切り、芯をくりぬいて皮をむく。
❷鍋にりんご、赤ワイン、グラニュー糖、シナモンスティック、クローブを入れて中火にかける。沸騰したらあくを取り、オーブンシートなどで落としぶたをして弱火にし、約40分煮る。火をとめてそのままさます。りんごはバニラアイスに添えて、シロップは凍らせてシャーベットにして食べてもよい。

赤ワインに多く含まれ、心臓病などを予防する効果があるとして脚光をあびたポリフェノールは、野菜や穀物、果物など植物全般に含まれる色素成分で、およそ300種類あります。

ポリフェノールが血液をサラサラにするとして注目されるようになったのは、体内の活性酸素の作用を抑制する働きがあるからです。

活性酸素は、LDL（悪玉）コレステロールや血管の組織を酸化させ、動脈硬化をひきおこしたり、ときには細胞を傷つけてがんの発生の原因になったりします。ポリフェノールは、ビタミンE・Cやβ-カロテンなどより、はるかに強い抗酸化力で活性酸素から血管を守り、血液をきれいに保つのです。また、発がん性物質の活性化を抑制し、がんの発生を予防する成分としても大きな期待が寄せられています。

ポリフェノールの種類は、大きくフラボノイドとノンフラボノイドに分けられ、いずれのポリフェノールにも抗酸化作用があります。前述したように、植物全般に含まれるので、ココアなどの嗜好飲料までさまざま含有食品も野菜から茶葉、コーヒー、ま。また、1つの食品が複数のポリフェノールを含んでいることもあります。

ポリフェノールの代表的なものとしては、赤ワインや黒豆のアントシアニン、茶葉のカテキンとタンニン、コーヒー豆のカフェ酸、そばのルチン（40ページ参照）、玉ねぎのケルセチン（8ページ参照）、大豆のイソフラボン（22ページ参照）、カレー粉のクルクミンなどがあります。特に、フラボノイドを含む食品は多く、毎日の食生活で自然に5～50mgは摂取しているといわれます。体内に吸収されるのはわずかですが、効果はそこなわれません。

毎食、野菜や果物などを欠かさずとるのが効果的

ポリフェノールは温度の変化にも強く、加熱してもこわれませんが、ききめの持続時間が短いのが弱点とされます。体内で抗酸化力を発揮するのは2～3時間といわれますから、一度にたくさんとるよりも、毎食、野菜などを欠かさないようにしてとるのが効果的といえます。

最強成分❹
オレイン酸
悪玉コレステロールを減らして血流をよくする

オリーブ油をたっぷりとるならこれ。生で使うから熱に弱い微量成分も壊さない
ブルスケッタ

材料
完熟トマト	2個
玉ねぎみじん切り	50g
塩	小さじ⅓
こしょう	少々
オリーブ油	適量
ケーパー	大さじ1
バゲット	適量
にんにく	½かけ
イタリアンパセリ	少々

作り方
❶トマトは皮を湯むきし、へたと種を除いて粗く刻む。
❷①のトマト、玉ねぎ、塩、こしょう、オリーブ油大さじ2、ケーパーを混ぜ、30分ほど冷やす。
❸バゲットは厚さ1.5cmにスライスし、にんにくの切り口を表面にすり込み、オーブントースターできつね色に焼く。バゲットに②をのせ、イタリアンパセリをちぎって散らし、オリーブ油適量をかけて食べる。

オリーブ油にはオレイン酸が70%も含まれる

イタリア料理をはじめとする南欧料理に欠かせないオリーブ油。「体によい植物油」として日本でも最近、すっかりおなじみになりました。その理由は、オレイン酸という脂肪酸が重量の70％を占めているからです。一口に植物油といっても、構成する脂肪酸によって性質は違ってきます。オリーブ油の主成分であるオレイン酸は、不飽和脂肪酸（14ページ参照）の中でも一価不飽和脂肪酸というグループに入ります。

不飽和脂肪酸の特徴である、LDL（悪玉）コレステロールを減らすという性質をもつと同時に、とりすぎるとHDL（善玉）コレステロールも減らしてしまうというリノール酸などと違って、オレイン酸は体内でも合成されますが、こうした優れた特徴があるため、食品から積極的にとることがすすめられます。とはいえ、油のとりすぎはエネルギーオーバーになり、肥満の原因にもなりますから、注意が必要です。

オレイン酸を多く含む食品としては、オリーブ油のほか、菜種（キャノーラ）油、紅花油（オレイン酸の多いタイプ）、ごまなどの種実類があります。

オレイン酸の場合は、LDLコレステロールだけを減らし、とりすぎてもHDLコレステロールを減らすことはありません。

また、不飽和脂肪酸の中でも、オレイン酸は酸化されにくいので、発がんのリスクを高める過酸化脂質を生成しにくいという利点もあります。同じ不飽和脂肪酸仲間のDHA（ドコサヘキサエン酸）、EPA（エイコサペンタエン酸）が体内では酸化しやすいものの、常温の空気中では酸化しにくいのに対し、オレイン酸は空気中でも体内でも酸化しにくいのが特徴です。

ただし、リノール酸も飽和脂肪酸も、健康な体を維持していくためには、一定量は必要です。大切なのはそのバランス。厚生労働省では、飽和脂肪酸（肉の脂肪など）、一価不飽和脂肪酸（オリーブ油など）、多価不飽和脂肪酸（リノール酸、DHA、EPAなど）の摂取の割合は3対4対3をすすめています。

こんなにある 毎日とりたい血液サラサラ食品

血液サラサラ食品といっても、特別なものではありません。昔から私たちの暮らしに深く根づいてきたものばかり。ここでは料理の主役にはなりにくいけれど、大きな力を秘めた食品をあげてみました。

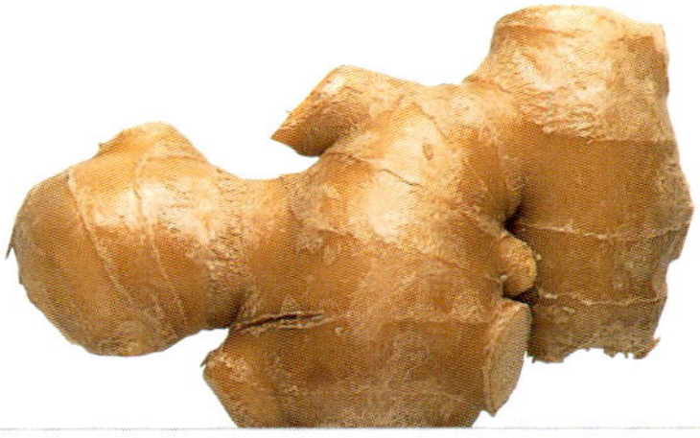

しょうが
辛み成分のジンゲロンとショウガオールに血液を固まりにくくし、毛細血管を拡張する働きがある。漢方では体の冷えをとる生薬としてよく使われる。

赤唐辛子
辛み成分のカプサイシンがエネルギー代謝を活発にし、体脂肪の蓄積を抑制する。末梢の血管を拡張し、血液の流れをよくして体温を高める働きもある。

パセリ・クレソン
摂取量が少ないので目立たないが、カロテン、ビタミンCが豊富。特にパセリのビタミンCはトップクラス。芳香成分は毛細血管を拡張して血行を促す。

うこん
主成分のクルクミンの抗酸化作用と胆汁酸の分泌を促進する働きでコレステロールを減らす。粉末うこんはカレー粉材料のターメリックとしておなじみ。

黒糖
原料の砂糖きびの成分がそのまま生かされているので、カリウム、カルシウム、マグネシウムなどのミネラルを多く含む。こくのある深い味わい。

ヨーグルト
牛乳を発酵させたヨーグルトは、牛乳の栄養素がそのまま残るうえ、乳酸菌が整腸、免疫力向上、老化防止などの働きをする。しかも低エネルギー。

ぬか漬け
「不老」の鍵を握るとして注目される発酵食品。乳酸菌が腸の働きを活性化し、コレステロールを排泄する。米ぬかにはビタミン、ミネラルも豊富。

山の芋
ムチンという物質がヌルヌルの正体。胃壁を保護してたんぱく質の吸収率を高め、昔から滋養強壮の食べ物とされる。消化酵素のアミラーゼも豊富。

ごま
種子に含まれるセサミン、セサミノールなどはゴマリグナンと呼ばれ、強い抗酸化作用がある。リノール酸、オレイン酸、ビタミンB_1・B_2・Eが豊富。

発芽米
米の栄養が集中する胚芽を発芽させたもの。アミノ酸の一種のγ-アミノ酪酸が豊富で、脳の血流を活発にし、酸素供給量をふやして代謝を促す。

酒
ほどほどの飲酒は血液の流れをよくし、血圧を安定させる。麦芽100％のビールにはポリフェノールが含まれ、ビール酵母によって発酵し、ふえる。

海洋深層水
水深200m以深の海水を脱塩。海に溶け込んでいる多種類のミネラルがバランスよく含まれ、特にマグネシウムとカルシウムのバランスがよい。

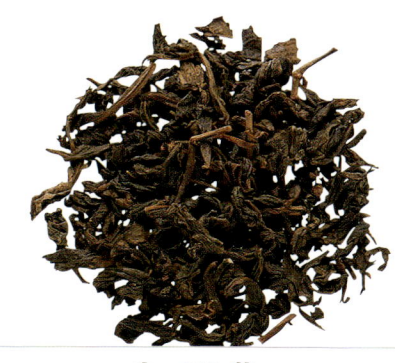

ウーロン茶
半発酵茶で、タンニン、カフェインなどが含まれている。消化器にたまった脂肪分を取り除く作用があるので、脂っこい食事と合わせて飲むとよい。

バナナ
カルシウム、カリウム、鉄分、亜鉛などを豊富にバランスよく含む。特に、余分なナトリウムの排泄を促すカリウムの量は果物の中でもトップクラス。

アボカド
たんぱく質、脂質、糖質が多い、果物としては異色。脂質の90％は不飽和脂肪酸のオレイン酸、リノール酸などで、ビタミンB群・E、食物繊維も豊富。

自然塩
精製されていない自然塩には、カルシウム、カリウム、マグネシウムなどのミネラルが少しずつ多種類含まれ、塩味に甘みやまろやかさを生み出す。

重要なのは血液の流れ方にある

血液が「サラサラ」「ドロドロ」ってどういうこと？

いつも元気で若々しく、はつらつとした毎日をすごしている人は、体の中を流れる血液も、サラサラといえます。スムーズに流れるサラサラ血液とは、私たちの体に必要な酸素や栄養素をすみずみまで送り届け、いらなくなった老廃物をすばやく排泄できる血液です。

ドロドロ血液は赤血球や血小板の状態に問題がある

血液は、体中の血管をめぐり、体のすみずみまで酸素や栄養素を送り届け、代謝によってつくり出された二酸化炭素などの老廃物を運び出すという役割をもっています。もし血液がドロドロになってスムーズに流れなくなったら？ 体のあちらこちらで酸素不足や栄養不足がおこり、体が悲鳴をあげてしまいます。

ドロドロ血液では心臓と血管は無理をして流れにくい血液を流そうとし、心臓と血管が早く傷む結果になります。一般には、血液中に余分なコレステロールや中性脂肪がふえた状態と考えられています。言葉から、コレステロールや中性脂肪でベタベタになった脂っぽい血液を思い浮かべる人も多いでしょう。しかし、もうひとつ考えなければならないのが、赤血球、白血球、血小板といった「細胞成分」の状態です。

コレステロールや中性脂肪は、そのままの形で血液の中に溶けて浮んでいるのではありません。コレステロールや中性脂肪は水に溶けないので、たんぱく質と結びつき、リポたんぱくの形で血液の約半分にあたる「液体成分」である血漿の中に存在しています。そして実は、残り約半分の「細胞成分」、つまり、赤血球や白血球、血小板などのトラブルがドロドロ血液の大きな要素になります。

サラサラ血液では赤血球がアッという間に血管を通り抜ける

血液のドロドロ状態というのは毛細血管を血液がスムーズに流れない状態のことをいい、その場合、血液の細胞成分には次のような変化がおこっています。

①赤血球がうまく変形しなくなる

まず、血液の流れやすさを決める大きな要素の1つは、赤血球の変形のしやすさです。毛細血管モデル（4～5ページ参照）で血液の流れを見てみると、サラサラ血液の場合、赤血球は目にもとまらぬ速さで、わずか7ミクロンというすき間をアッという間に通り抜けていきます。毛細血管の直径は赤血球より小さいので、血液の細胞成分の大半を占める赤血球は形を変えて毛細血管を流れています。これは、赤血球自体の直径より細い毛細血管へも形を変えて入っていくことができる、この変形能が低下すると、血液の流れが悪くなります。

②白血球がくっつきやすくなる

白血球の役目は、体内に侵入した細菌や異物を攻撃することですが、その防御作用は、感染部位の血管壁に粘着してはじめて開始されます。こうした細胞成分の変化、すなわちドロドロ血液の中には、リポたんぱくなどが深くかかわっています。たとえば、リポたんぱくが赤血球の表面にたくさん付着すると、「変形能」が低下してしまいます。

③血小板が固まりやすくなる

血管が傷つくと、血小板が粘着凝集して赤血球がもれ出すのを防ごうとします。これを「凝集能」といいますが、この凝集能が高まると、血管内にかたまり（血栓）ができやすくなり、血管をふさいでしまいます。

こうした細胞成分の変化、すなわちドロドロ血液の中には、リポたんぱくなどが深くかかわっています。たとえば、リポたんぱくが赤血球の表面にたくさん付着すると、「変形能」が低下してしまいます。

血液の構成

血小板
血管の破損を修復し、出血を止める働きをする。直径は2～3μm。

白血球
体内に侵入した病原菌を食べる役割を果たしている（自然免疫）。直径は8～10μm。

血漿
血球を浮遊させている液体成分。水分、栄養素、老廃物を運ぶ。

赤血球
血液の有形成分の大部分を占める。酸素を体内の組織に運搬している。直径約8μm。弾性と変形性に富んだ円盤状をしているので、赤血球自体の直径より細い毛細血管へも形を変えて入っていくことができる。

リンパ球
白血球の仲間。一度目の感染を記憶して二度目の感染を防ぐ（獲得免疫）、重要な役割を果たしている。

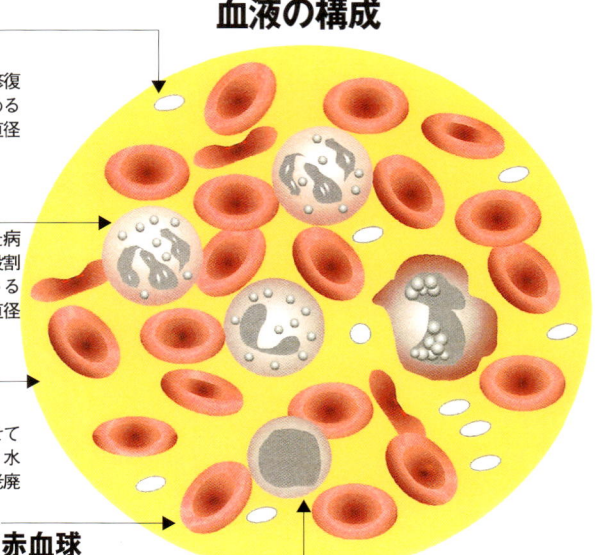

流れにくくなった血液が血管をつまらせる
「ドロドロ」血液、放っておくとどうなるの？

肩こり、腰痛、足がつる、など、日常生活から感じるさまざまな不協和音。近ごろ、ちょっと無理したから、なんて見すごしていませんか。もしかしたら、それはドロドロ血液のせいかもしれません。早めに対処しましょう。さて、ドロドロ血液にひそむ恐怖とは？

ドロドロ血液がまねく体のトラブル

頭、脳
片頭痛、慢性的な頭痛、頭重感、もの忘れ、脳の血管障害によって高血圧性脳出血や脳梗塞、くも膜下出血などがおこることもある。

眼
高血圧が原因で視力低下をおこすことがある。また、糖尿病を5〜6年放置すると、糖尿病網膜症になることがある。

肌
肌あれ、くすみ、かさつき、しみ、しわなどのトラブルがおこる。

肩こり
常に肩こりや首の後ろのはり、背中の上部などに痛みがある。血行がふだんから悪くなりやすいところで痛みが出る。

心臓
動脈硬化が冠状動脈におこると心臓の筋肉への血流量が減少。心筋細胞が酸素不足のため狭心症になりやすい。冠状動脈血栓で血管がつまって血流がとまると心筋梗塞になる。

肝臓
血液中の中性脂肪がふえすぎると肝臓で処理できなくなり、肝臓に蓄積して脂肪肝になる。

消化器系
胃潰瘍、十二指腸潰瘍、胆石、膵炎などになる。

生殖器
生理痛、生理不順。男性の場合は糖尿病を放置しておくと、勃起不全（インポテンツ）になることもある。

足
ひんぱんに足がつる。動脈硬化が足におこると、閉塞性動脈硬化症になったり、悪化すると組織の細胞が壊死し、切断しなければならないこともある。

手足の冷え
手足の血管がさらに細くなり、血行が悪くなる。

関節
血液中の尿酸がふえすぎると、関節などで結晶をつくり、痛風になる。

人は血管とともに老いる……老化を早めるドロドロ血液

血液がドロドロになり、血流が悪くなると、体に必要な酸素や栄養素が全身に行き渡らなくなります。正常なエネルギー代謝が行われなくなり、体の組織の機能がしだいにおとろえてくるのが老化です。厳密には、毛細血管の数が減ってくるといったほうが正確かもしれません。

毛細血管は、活性化した白血球や血小板のかたまりで簡単につまってしまう細さです。また、ドロドロ血液とは、その毛細血管をつまらせてしまうような血液が長時間におよんだり、繰り返されたりすると、毛細血管が傷んでその数は確実に減っていくのです。それだけではありません。毛細血管の数が減っていくと、毛細血管が酸素や栄養素を供給している、動脈などの太い血管壁の細胞が再生しにくくなり、血管そのものがもろくなっていきます。こうした積み重ねが老化をおこしているのです。

毛細血管の減少によって老化がおこることは避けられません。しかし、血液の流れやすさを保つことができれば、毛細血管の減少速度をおさえることができ、老化を遅くすることも可能といえます。

高血圧、動脈硬化、心臓病まで。ドロドロ血液は万病のもと

ドロドロ血液で流れが悪くなると、血液の流れが悪くなり、体の機能がおとろえてくると、肩こりや腰痛、手足の冷えなどさまざまな体の不調から、生命にかかわる重い病気までひきおこすことになりかねません。たとえば、脳血管疾患や心疾患など諸病の根源にあるといわれる動脈硬化。そして動脈硬化を促進させるといわれる高血圧について考えてみましょう。

ドロドロ血液で流れが悪くなると、流れを維持するために血圧は高くなります。血圧とは、簡単にいうと血管内を流れる血液が血管の壁を押す力ですが、高血圧の状態が続くと、血管は常に強い圧力がかかった状態となって緊張を強いられ、非常に傷みやすくなってしまいます。また、心臓をはじめ、ほかの臓器にも障害が出やすくなります。これに、高脂血症（血液中の脂質が異常にふえた状態）などの危険因子が加わると、血管はますます傷つきやすくなり、動脈硬化は一気にすすんでしまいます。心臓の冠状動脈や脳動脈では血栓ができやすくなります。

血管が弾力性を失い、かたくもろくなる動脈硬化は、加齢にともなう老化現象ですが、ドロドロ血液はそれをひきおこすもっとも重要な因子の1つです。

57

血液をドロドロにするものはなに？

コレステロールは血液が流れにくいと、血管壁にたまる

ドロドロ血液の元凶として、とかく悪者扱いされるコレステロールや中性脂肪。でも本来は、体に欠かせない大切な栄養素です。問題は、代謝能力以上に摂取され、そこに血液の流れにくさが加わって、血管壁や血液中にたまってしまうことにあります。

やせていても油断大敵。隠れ肥満がふえている

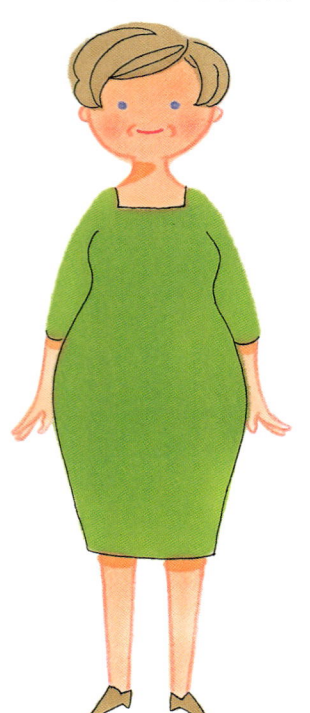

皮下脂肪型肥満
皮下に脂肪がつくタイプ。下腹部やお尻など下半身に脂肪がつくため、洋梨型肥満とも呼ばれ、女性に多い。

内臓脂肪型肥満
内臓に脂肪がつくタイプ。ウエスト周辺に脂肪がつくため、りんご型肥満とも呼ばれ、男性に多い。

ふえすぎたコレステロールが酸化されて悪役になる

コレステロールは、細胞を包む細胞膜、女性ホルモンや男性ホルモン、副腎皮質ホルモン、胆汁酸などの材料になる重要な栄養素です。そのコレステロールが問題視されるのは、血液中にコレステロールがふえると、血管壁の細胞に取り込まれて血管を狭くし、動脈硬化（粥状硬化）がおこる、と考えられているからです。

コレステロールというと、悪玉、善玉という呼び方をよく耳にしますが、これはコレステロールの種類ではなく、リポたんぱく（56ページ参照）のそれぞれの働きに対する呼び方です。

悪玉コレステロールと呼ばれるのがLDL。コレステロールを全身に運ぶという大切な役割を担っていますが、LDLは血管壁にとどまってコレステロールを血管壁にためる働きがあります。

一方、善玉コレステロールと呼ばれるHDLは、全身の組織から余ったコレステロールを回収し、肝臓に届ける働きがあります。HDLが十分にある場合は、コレステロールが血管壁にたまったままになることはありませんが、コレステロールが食品などから過剰に摂取されてLDLがふえすぎると、回収しきれないコレステロールがふえてしまいます。

細胞化することが、動脈硬化の原因と考えられています。

活性酸素によって酸化されたLDLを、白血球の中でも大型のマクロファージという細胞が食べて泡沫

ふえすぎた中性脂肪はドロドロ血液のいちばんの原因になる

中性脂肪もふえすぎると肥満などさまざまな悪影響をおよぼします。肥満の中でも、こわいのは皮下脂肪型肥満より、内臓脂肪型肥満。見かけは太っていなくても、内臓に過剰な脂肪がたまり、隠れ肥満とも呼ばれます。特に脂肪肝は要注意。心筋梗塞や脳梗塞をおこす危険性が増すことが知られています。

血液中にコレステロールが多くても、血液がきちんと流れて十分な代謝が行われていれば、血管壁にコレステロールがたまることはありません。また、血流の悪さがあって血管が傷つき、それを補修しようとコレステロールが入り込むとも考えられます。

本来、体に不可欠なコレステロールを正常に働かせるためにも、食品からのとりすぎに注意し、血液の流れをよくすることはとても大切なのです。

58

血液をドロドロにするものはなに？

あなたの血があぶない！こんな生活が「ドロドロ」血液をまねく

食生活をはじめ、毎日の生活習慣は健康に大きな影響を与えます。血液が流れにくくなっている人には、いくつかの共通点があります。ドロドロ血液がもたらす深刻な事態におちいる前に、この本であげた最強メニューと生活改善の工夫とで、きれいな血液を保ちましょう。

魚や野菜を中心に、納豆や梅干し、酢などを使った和食にかんきつ類のデザートを添えれば完全な血液サラサラ食の手本。

肉中心の人の血液通過時間
- 56秒 女性の平均値
- 53秒 男性の平均値

魚中心の人の血液通過時間
- 51秒 男性の平均値
- 42秒 女性の平均値

野菜中心の人の血液通過時間
- 48秒 男性の平均値
- 43秒 女性の平均値

野菜や魚中心の食生活の人は血液の流れがよかった

食事の内容は、血液のサラサラ、ドロドロに密接にかかわってきます。食事が血液の流れにどのように影響するか、毛細血管モデルで男女別に調べてみると、その違いは一目瞭然。男性で血液の流れがもっともよかったのは、野菜を中心にとっている人たち、女性では魚を中心にとっている人たちでした。次に流れがよかったのは、男性では魚中心の人たち、女性では野菜中心の人たちでした。逆に、もっとも血液の流れが悪かったのは、男女ともに肉を中心にした食事をしている人、という結果が出ています。

肉は良質なたんぱく質源ですが、同時に動物性脂肪もたくさん含んでいます。厚生労働省の国民栄養調査によると、摂取エネルギーの中で脂質の占める割合は年々増加の傾向にあり、老若男女を問わず、高脂血症がふえているといわれます。

甘いもの好きの人もご用心。過剰な糖分が血管をつまらせる

甘いものなどのとりすぎによる糖分過多も問題。糖分は腸で分解され、ぶどう糖という形で血液によって体中の組織に運ばれます。エネルギー源として使われ、余った糖分は中性脂肪として肝臓に蓄えられます。血液中にぶどう糖がふえすぎると、赤血球の表面にくっつき、赤血球が変形しにくくなって血液の流れが悪くなります。さらに、もともとくっつきやすい赤血球どうしをいっそうくっつきやすくします。毛細血

血液の流れにおよぼす食事の影響

もっとも血液の流れがよかったのは男性では野菜を中心にとっている人たち。毛細血管モデルの血液の平均通過時間は男性全体の平均値より3秒近く速かった。女性では、魚中心の人たち。もっとも流れが悪いのは男女とも肉中心の人たちで、特に、肉中心の女性は、女性全体の平均値より10秒ほど遅く、同じ肉中心の男性よりも3秒遅かった。

血液の流れにおよぼす飲酒の影響

毛細血管モデルを通して血液の流れを調べると、毎日少し飲む人の血液の平均通過時間がもっとも短く、まったく飲まない人よりも血液の流れがいいという結果が出た。

- 62秒 まったく飲まない
- 51秒 ときどき大量に飲む
- 48秒 毎日少し飲む

「適度な飲酒」は「まったく飲まない」より血流をよくする

ポリフェノールが動脈硬化などの予防に役立つといわれ、空前のブームを巻きおこした赤ワイン。最近では麦芽100％のビールにもポリフェノールが含まれ、アロマホップがリラックス効果を高める、また、白ワインには強い殺菌作用があり、生の魚介類を食べるときに飲むと、食中毒を防ぐのに役立つなど、アルコール類が体にいいという説が続々。適量という条件つきなら、アルコール飲酒量と死亡率の関係を調査した結果から、「アルコールの適量は1日30㎖まで」というのが世界的な合意となっています。ビールは大瓶1本、日本酒は1合（180㎖）、ワインはグラス1杯、ウイスキーはシングルの水割り2杯以内です。

仕事は1日中デスクワーク、移動するのはいつも車、休日は家でゴロゴロ、という人は知らず知らずのうちに血液がドロドロになっているかもしれません。ふだん、脂肪分や糖分の多い食事をし、あまり体を動かさない生活でエネルギーの消費量が少ないと、肥満するのは当然として、食後の高脂血状態が長く続き、血液はドロドロになってきます。

ールは「百薬の長」です。このことは、毛細血管モデルを使って血液の流れを測定する実験でも確かめられています。これは世界ではじめてのことです。実験中でもっとも血液の流れがよかったのは、「毎日少し飲む」人たち。次は「ときどき大量に飲む」「毎日大量に飲む」人たちと続き、意外なことに「まったく飲まない」人たちの流れはいちばん悪かったという結果が出ています。飲むのをやめて（やめさせられて）いる人たちがすでに体をこわして「飲むのをやめさせられて」いるからかもしれません。少量のアルコールは、血小板の凝集機能を抑制して血液を固まりにくくすると考えられます。そして、適量であれば、HDL（善玉）コレステロール値を上げ、LDL（悪玉）コレステロール値を下げます。

血糖値が高いと、動脈硬化の可能性が高くなり、進行していくというデータもあります。これは糖尿病の合併症があらわれるのが特に腎臓や目の網膜などにかかる圧力が強くなって管もつまりやすくなり、血管にかかる圧力が強くなります。血栓もできやすくなります。

運動不足はもちろん、運動のやりすぎも血液の流れを悪くする

血液の流れにおよぼす運動の影響

毎日30分から1時間運動をする人の血液の平均通過時間は、まったく運動しない人よりも10秒近く短い。運動は、毎日1時間未満の、酸素を十分に取り込む有酸素運動が効果的。

- 54秒 まったくしない
- 50秒 毎日1時間以上
- 45秒 毎日30分以上1時間未満

運動をするというのは、筋肉を収縮させたり弛緩させたりすることで、これが繰り返されれば、筋肉の中の血液の流れもよくなります。また、ドロドロの血液でもしだいに流れやすくなってきます。

とはいっても、運動のやりすぎは逆効果。右のグラフでもわかるとおり、毎日1時間以上運動する人は、かえって血液の流れが悪くなっています。これは、運動をすることで体にストレスがかかったのと同じ状態

血液「ドロドロ」度簡単チェック

あなたの血は大丈夫？

1. 肉が大好物。魚はほとんど食べない。
2. 野菜はどれも、あまり食べない。
3. 甘いものに目がない。
4. 家族の残したおかずは全部食べる。
5. 濃いめの味つけでないと、もの足りない。
6. ほぼ毎日、たくさん酒を飲む。
7. 食べ物の好き嫌いは多いほうだ。
8. 食べる速度が人より速い。
9. 朝食は食べないことが多い。
10. 昼食や夕食は、外食やテイクアウトの弁当ですますことが多い。
11. たばこを1日10本以上吸う。
12. 深夜まで起きていることが多く、いつも睡眠不足ぎみだ。
13. 歩くのがめんどうで、つい車に乗る。
14. 肩こりや頭痛に悩まされることが多い。
15. 体は疲れていても気力でがんばるタイプだ。
16. 動作は速いほうではない。
17. 運動はまったくやっていない。
18. すぎたことをいつまでもくよくよと考えるほうだ。
19. なにごとも完璧にやらないと気がすまない。

思い当たる数は何個？

3個以下＝今のところ、ほぼ血液サラサラ状態を保っているといえそうですが、油断は禁物です。
4〜7個＝少し血液ドロドロ状態になりかけているかもしれません。生活パターンを見直してみましょう。
8〜10個＝ドロドロ進行中といえそうです。すぐに生活を、特に食生活の改善を始めましょう。
11個以上＝危険信号が点滅し、ちょっと心配な状態です。これまでの生活習慣をできるだけ改めましょう。

ストレスをなるべくためないように、自分なりの解消法を見つけて毎日楽しくすごしましょう。

ストレスをためる、喫煙などのよくない習慣も原因になる

私たちの体は、ストレスを受けると、それに対処するために自律神経系、特に交感神経系が働き、血液中にアドレナリンなどのホルモンが分泌されてきます。すると、血管が収縮し、心臓の働きが活発になって脈が速くなるなどの反応がおき、それに伴い血圧も上がります。白血球は粘着能を高めてくっつきやすくなり、血小板は凝集能を高めて固まりやすくなります。これが繰り返されると、血液がドロドロになります。喫煙は、たばこに含まれるニコチンがアドレナリンの分泌を増加させ、血小板の凝集能が高まるためと考えられます。

また、血液中の赤血球は酸素より結びつきやすい一酸化炭素にとくついてしまい、血液は急速に汚れ、その分、血液が流れにくくなります。

血液の流れにおよぼす喫煙の影響

54秒 喫煙する
50秒 喫煙しない

たばこを吸わない人（男性）とたばこを吸う人では、血液が通過する平均時間に約4秒の差があった。喫煙は血液の流れを悪くし、高血圧、動脈硬化などをまねく。

日常生活の工夫で血液サラサラ

いつでもどこでも誰にでもできるウォーキングは確実に血圧と中性脂肪値を下げる

血液をサラサラにするための運動は、体に十分な酸素を取り入れて脂肪を燃やす有酸素運動が効果的です。ウォーキングはもっとも手軽にできて、体への負担が少ない有酸素運動です。できれば週2〜3回、それがむりなら、週末には歩くようにしましょう。効果的に行うには正しい姿勢で。背筋をピンとのばして大きく腕をふり、歩幅も大きめにとって、ふだんより早めにサッサッと歩きます。むりをせず、休みながら歩き、最終的には30〜40分を目安にします。

また、水中で歩く水中ウォーキングは、膝などへの負担が少なく陸上での運動量の2倍になり、ストレス解消にもおすすめです。運動して汗をかいたら、水分補給も忘れずに。体から水分が失われると、運動中も水分不足になり、血液ドロドロになりやすいのです。四季の移り変わりを楽しむなど、長く続けられるコツを身につけましょう。

ふだんの生活でも意識して体を動かすようにする

忙しくてわざわざ運動する時間がとれなくても、日常生活の中で運動する機会はたくさんあります。まずは、なるべく車を使わずも歩くこと。エスカレーターやエレベーターはなるべく使わない、通勤の人ならバスや電車の1区間分を歩く、など。こまめに掃除やガラス拭きなどをするのもいい方法です。5階建てのエレベーターのない団地で、1〜3階に住む人と、4〜5階に住む人とでは、健康状態や肥満度が明らかに違っていたという調査もあります。高層階の人はとかく運動不足になるので気をつけましょう。

朝、起きて1杯、夜、寝る前に1杯。水でドロドロ血液を薄める

朝起きたときと夜寝るときに、コップ1杯の水を飲みましょう。就寝中、体の水分は蒸発したり、発汗したりして失われるため、血液が濃くなってドロドロになりやすいのです。

特に高血圧や動脈硬化がすすんでいる人の場合、体がもつリズムで血圧が高くなったり、失われた水分で血液の粘度が増したりする朝方から午前中にかけては、もっとも危険な時間帯とされます。心筋梗塞などの発作をおこす率が高くなるからです。

朝起きぬけの1杯の水は体を目覚めさせ、胃や腸を刺激して便通を促すことにつながるという効果もあります。

水分は運動や入浴、飲酒の前後にも補給するようにしましょう。

手足のマッサージやツボの刺激で血行をよくする

体の末端にある手足の筋肉を動かしてやると、全身の血液循環がよりスムーズに行われます。特に寒い季節、体全体が冷えているようなときに手足のマッサージを行うと、体がだんだん温まり、元気が出てきます。

足はまず、心臓に、足の裏から始めるのがポイント。足の指、足の裏を手でていねいにもみほぐします。足の裏には血行を促すツボがあるので、軽くたたくと効果的です。足先の次は、ふくらはぎ、太ももの順にマッサージします。手も同様に、指先をもう一方の手でもんだり回したり、手を開いたり、握ったりを繰り返します。

ツボはそれぞれ体の一部分が対応しているので、左右同じようにします。簡単な刺激法は指で押すことで「少し痛いけれど、気持ちいい」と感じる程度の強さでゆっくり押し、ゆっくり放します。

手足のマッサージは全身の血行を促す効果が大きい。家族や介助の人などにやってもらうと、心身のリラックス効果もある。

血液サラサラには熟睡が効果的。量より質、のよい睡眠を確保しよう

早寝、早起きの習慣は、血液をサラサラにします。

特に睡眠は、高血圧の改善によく眠ることをすすめられるほど、血圧に大きく影響します。

何時間眠ると十分なのかは、個人差もありますが、大切なのは量より質。睡眠時間を気にするより、かえって眠れなくなることもあります。睡眠時間にこだわるより、何時ごろ眠りにつくか、が重要です。健康のためには、遅くても夜12時には就寝して朝まで安眠できる環境づくりを心がけましょう。

睡眠は、どんな人の血圧も確実に下げる効果があります。本格的な睡眠でなくても、ごろ寝だけでも十分に効果は得られます。

熱い湯は血栓をつくりやすくする。血圧高めの人はぬるめの湯で水位を低く

入浴が血行をよくすることはいうまでもないことですが、必ずしもいいことずくめではありません。入浴して体温が急に上昇すると、血小板の凝集能が高まり、それによって血液が流れにくくなって、血栓ができやすくなります。さらに、脱衣所から浴室、浴室から浴槽への移動は温度差によって血管が急に収縮・拡張し、血圧を変動させてしまいます。「ふろ場で倒れる」ということがおこるのはこのためです。動脈硬化の人などは、脳卒中や心筋梗塞をおこす危険性も高まります。

こうしたことを防止するためには、湯の温度をぬるめに設定することです。熱い湯になれてきた人にとっての目安は、38〜40度くらいが適温とされています。また、肩までどっぷりつかる日本式の浴槽は、健康な人なら血行を促す効果もありますが、血圧が高い人にとっては水圧が大きくかかり、心臓に余計な負担がかかります。湯面が胃の線までくるくらいに湯の量を調節するとよいでしょう。浴室用の低いいすを沈めてその上に腰をかける方法もあります。

女性におすすめ。下半身の血行をよくする半身浴

ぬるめの温度の湯に20〜30分つかり、汗ばむくらいまでゆっくりと温まるのが基本。湯面は胃のあたりまでくるようにします。日本式の深い浴槽の場合は、前記の要領で、低いいすなどを利用するとよいでしょう。肩が冷えるようならタオルなどをかけます。

女性に多い冷え性は、血液の流れにくさが原因の1つ。特に骨盤から下の血行が悪くなりやすいので、まず下半身をじっくり温める半身浴を行い、そのあと全身浴をするとよいでしょう。

ハーブやエッセンシャルオイルなどを入れたハーブバスや、よもぎぶろなども体が芯から温まり、リラックス効果もあります。

加齢で弱まるストレスからの回復力。上手な解消法を見つける

精神的ストレスにかぎらず、あらゆるストレスは血管を収縮させ、血液の流れを悪くします。また、ストレスから甘いものに手を出したり、やけ食い、やけ飲みに走ったりすることもあるでしょう。人によっては大きなストレス解消になるかもしれませんが、一度をこすと逆効果です。

しかし、まったくストレスのない生活はありません。ストレスを避けることばかり考えるのではなく、むしろ上手につきあっていくことを考えましょう。

何も考えず、ボーッとしているだけでもよいし、カラオケで歌う、いつもよりゆっくりふろにつかる、音楽を楽しむなど、方法はなんでもよいのです。

ストレスからの回復力は、年齢によって低下するという研究報告があります。できるだけストレスをため込まないように、その日のストレスはその日のうちに、自分なりの方法で上手に解消しましょう。

菊池佑二
きくちゆうじ

1946年、愛媛県に生まれる。東京都立大学理学部物理学科を卒業。
大阪大学大学院理学研究科修士課程を修了後、
北海道大学応用電気研究所助手、筑波大学基礎医学系講師を
つとめる。農林水産省食品総合研究所計測工学研究室長をへて、
1996年より同食品工学部上席研究官、2001年より食品総合研究所
(独立行政法人)マイクロチャネルアレイ工学チーム長になる。
1997年、「マイクロチャネルアレイ(単結晶シリコン基板に加工した
微細な流路)の開発と応用に関する研究」(血流の測定に応用)で、
科学技術庁長官賞を受賞。
理学博士。主に、ヘモレオロジー、食品の品質計測法、
細胞工学の研究に従事し、執筆活動や講演活動を行っている。
著書に『血液をサラサラにする生活術』(講談社)がある。

井上由香理
いのうえゆかり

1967年、北海道に生まれる。
1987年、天使女子短期大学食物栄養学科を卒業。
倶知安厚生病院にて病院栄養士として勤務。管理栄養士。
フードコーディネーターとして独立後、料理教室の講師をつとめる
ほか、テレビ、コマーシャル、雑誌等で活躍。

アートディレクション
●太田雅貴
デザイン●太田デザイン事務所
　　　　冨沢重子
　　　　宮下真一
　　　　丸岡弓子
　　　　佐々木千春
　　　　池田久美子
　　　　大堀　潤
　　　　井上宏樹
撮影●齋藤　浩(本社写真部)
スタイリング●林　めぐみ
イラスト●岡本典子
編集●岩上正子

食べているうちに
血液サラサラ最強メニュー
2002年6月15日　第1刷発行

監　修　菊池佑二
料　理　井上由香理
発行者　野間佐和子
発行所　株式会社講談社

〒112-8001　東京都文京区音羽2-12-21
編集部　☎03-5395-3527
販売部　☎03-5395-3625
業務部　☎03-5395-3615
印刷所　凸版印刷株式会社
製本所　凸版印刷株式会社

落丁本、乱丁本は小社書籍業務部宛にお送りください。
送料小社負担にてお取り替えいたします。
なお、この本についてのお問い合わせは、
生活文化第一出版部宛にお願いいたします。
本書の無断複写(コピー)は著作権法上での例外を除き
禁じられています。

ISBN4-06-271536-8 (生活文化一)
定価はカバーに表示してあります。
©Yuji Kikuchi, Yukari Inoue 2002　Printed in Japan